HIGH EQ COMMUNICATION

高情商沟通

会说话的艺术

张亮◎著

江苏凤凰文艺出版社
JIANGSU PHOENIX LITERATURE AN
ART PUBLISHING, LTD

图书在版编目（CIP）数据

高情商沟通：会说话的艺术 / 张亮著. -- 南京：江苏凤凰文艺出版社，2018.8
ISBN 978-7-5594-2423-5

Ⅰ.①高… Ⅱ.①张… Ⅲ.①语言艺术—通俗读物
Ⅳ.①H019-49

中国版本图书馆CIP数据核字（2018）第129947号

书　　名　高情商沟通：会说话的艺术

著　　者　张　亮
责任编辑　王昕宁
特约编辑　师　擎
出版发行　江苏凤凰文艺出版社
出版社地址　南京市中央路165号，邮编：210009
出版社网址　http://www.jswenyi.com
印　　刷　北京文昌阁彩色印刷有限责任公司
开　　本　880×1230毫米　1/32
印　　张　7
字　　数　113千字
版　　次　2018年8月第1版　2018年8月第1次印刷
标准书号　ISBN 978-7-5594-2423-5
定　　价　39.80元

（江苏凤凰文艺版图书凡印刷、装订错误可随时向承印厂调换）

序言

戴尔·卡耐基说过：“我们一天的祸福悲欢，往往决定于我们的言语和交往。”

在快节奏主导工作和生活的今天，效率至上是不变的法则。无论面对陌生人、亲友、同事还是上级，对方都没有足够的时间倾听我们的话语，我们也没有充裕的时间去说服对方，时常会在交流中出现问题，而高情商的人一定都是沟通高手，这些都难不住他们。本书分享了一些高明的沟通技巧，帮助你迅速打开对方心门，成为一个高情商的人。

在信息过剩的时代，我们必须从海量的信息中过滤出对我们最有价值的信息。在“时间=金钱=效率”的当今社会，没有人喜欢喋喋不休的人，没有人喜欢说话无趣的人，更没有人喜欢词不达意的人……效率永远是沟通的第一要素。有些人滔滔不绝，却让你不知所云；有些人一语惊人，让你茅塞顿开，这就是不同的沟通能力所带来的差别。所以只有在最短的时间内说出重点，才能直击人心，和他人建立和谐的沟通生态，达到你的预期目标。高情商的人一定是高效率的，因为高效代表着价值，价值意味着共赢，只有高效的沟通才能创造光明的职场前景和融洽的社交生态。简而言之：不精练措辞，沟通就会很困难，话语不能打动人心，与人的关系就会变得疏远。

世界著名的麦肯锡咨询公司，要求咨询顾问在30秒内向客户展示核心方案，这就是说重点的意义所在。只有能够在短时间内表达自己的观点、愿望和态度，并让对方接受，才能做到高情商沟通。

没有重点的沟通如同失去方向的航船，最终会让你迷失在漫无边际的“交流海洋”上。在你开口之前，应该扪心自问：“你要表达的重点是什么？”如果你不能很好地回答这个问题，证明你还没有提炼出有价值信息，你的表达就会缺乏逻辑性和感染力，自然不会做到高效沟通。

语言不仅能传递信息，还能表达情感，高情商的人不仅能在交流中说出重点，还能在措辞中渗透情感。没有人会喜欢平淡的遣词造句，即便描述出重点也不会被人接受。如果你能用一句话就能触动对方的心灵，往往就能化敌为友，让自己立于不败之地。

只有擅长利用准确的词句，说话才能触及重点。一旦我们在沟通中脱离事实，满口空话，就无法让对方明白我们的真实意图。要想说出简短且有力的话语，不仅需要在措辞用语上下功夫，更需要了解沟通目标的心理特征，从对方的个性出发，寻找让其易于接受的措辞，抑或挖掘对方的潜在需求，用巧妙的暗示满足对方……沟通不仅是语言学，更是心理学，要想同时提升这两种能力，需要不断地学习、思考和实践。只有拥有了良好的文化修养和丰富的人际交往经验，我们才能成为谈话高手，展现自己独特的魅力，获得更多的好人脉。

现代社会人际关系复杂，诚信缺失，人们普遍具备了比过去更高的警惕心，因此，一个缺乏沟通能力的人，如同拿着低学历去求职的人，会处处碰壁，甚至未等开口就会被对方拒之门外。难怪人们得出结论：人的成功，75%取决于人际沟通。而人际沟通的核心就是表达重点的技巧，它将决定着你是否会成为人生赢家。

本书根据不同的沟通目标和沟通情境，从实际话术运用的角度出发，将理论与实践相结合，生动形象地演示了表达重点的要领和注意事项。如果你仔细阅读书中的每一个知识点，就会掌握一些实用的沟通技巧，还会从案例中获得灵感和经验，进阶为一个高情商的沟通高手。从科学测量的角度看，每个人都是潜在的语言天才，因为大部分人的才能只开发了十分之一。只要强化自信，掌握方法，勇于实践，任何人都能够通过后天训练成为一个高情商的沟通高手。

目录 Contents

第一章

与外行沟通要学会深入浅出

在日常沟通中，每个人都会与一些外行打交道，但是每个人自身的专业知识又不同，想要让谈话对象对自己所说的专业知识感兴趣，就需要运用一些高情商的沟通技巧，深入浅出地与外行交流。把你的核心思想不打折扣地装进别人的脑袋。

提高语言吸引力，打破交谈壁垒 / 002

学会这一招，就能轻松说服他人 / 010

掌握核心诉求，才能表达重点 / 016

要想办成事，就要学会快速描述重点 / 020

客观表述，会有意想不到的效果 / 024

第二章

如何高情商地搞定客户

与客户沟通时，我们要锻炼自己的观察力，了解客户的心理，满足客户的需求，达成合作，实现共赢。我们要有很好的反应能力和强大的抗压心理，以客户能够接受的、容易认可的方式，清晰地表达自己的观点，让客户了解自己的公司和产品，从而促成合作。

沟通中做好铺垫很重要 / 032

抓住关键信息，满足对方需求 / 038

用最大卖点包装重点的秘诀 / 045

找到共同话题，才能实现高情商沟通 / 051

学会接话题，让沟通顺利进行 / 058

第三章

“稳、准、狠”地说服上级

很多人都害怕与自己的上级沟通，尤其是和上级发生冲突时根本不知道怎么办，能躲就躲，其实，这种认知是错误的。我们要建立自信，不要害怕和上级沟通，“稳、准、狠”地说服上级，是高情商的人通常运用的沟通技能。

消除误会的三种方法 / 066

拒绝命令有四招 / 072

化解矛盾的基本原则 / 077

表达重点需要把握尺度 / 081

自信能提高沟通能力 / 086

第四章

实现与同事无障碍沟通的秘诀

与同事沟通过程中经常会遇到这样的问题：同事不明白自己的意思，同事很强势，无法说服同事……要想解决这些问题，其实并不难，高情商的人在沟通中都会说重点，化解与同事之间存在的隔阂，实现无障碍沟通。

处于相同认知维度，有利于信息交互 / 094

好口才，就是会运用高情商的话术 / 100

警惕“口头语” / 105

四大语言策略，有效化解尴尬 / 111

表达不同观点有技巧 / 116

第五章

如何让下属心甘情愿地追随你

一个高情商的领导，一定知道怎么和下属进行有效沟通，他们是通过引导、鼓励与支持下属，去激发下属的工作积极性，提高下属的工作效率，让下属心甘情愿地追随自己。

聪明的老板都会鼓励下属 / 122

与下属交流之前，要做好这八项准备 / 127

巧妙引导成长期的下属 / 132

如何准确地交代任务，员工能快速接受 / 136

化解冲突的三大秘诀 / 142

第六章

和陌生人沟通要消除距离感

和陌生人打交道时，因为彼此之间不熟悉，总会产生陌生感，很难让对方放下戒备与自己畅谈。运用高情商，我们可以掌握一流的沟通技巧，通过合适的开场白、恰当的自嘲等拉近彼此的距离，进而实现高效沟通。

合适的开场白极其重要 / 148

与生人打交道，要学会拉近彼此的关系 / 151

运用自嘲优化沟通氛围 / 154

及时弥补语言错误的技巧 / 158

正话反说能将重点放大 / 162

第七章

懂得这几点，才能和朋友保持良好关系

想要请朋友帮自己办事，却怕被朋友拒绝；想指出朋友的缺点，又怕影响到彼此之间的关系；朋友比较内向，不知道怎样让他融入集体……要想解决这些问题，与朋友保持良好关系，我们就要懂得高情商的沟通技巧。

谈话高手会这样去激发对方想象力 / 168
高情商的人都会及时描述重点 / 173
通过讲故事，增强语言说服力 / 177
端正沟通态度，增强自身感染力 / 182
用幽默轻松打开对方心扉 / 187

第八章

完美掌握高情商沟通技巧

只有完美地掌握高情商沟通技巧，你才可以无往而不胜。在这个社会上，没有人是可以独立存在的，大家或多或少都需要别人的帮助。求人办事时，运用高情商的沟通技巧，可以让自己变成一个演说家，让别人无法拒绝自己的请求。

巧用对比推销自己 / 192

理清话语顺序，挑准时机说重点 / 196

学会避实就虚地提要求 / 199

求人办事时要取悦对方 / 204

让对方无法拒绝你，只需掌握这两点 / 208

第一章 与外行沟通要学会深入浅出

在日常沟通中，每个人都会与一些外行打交道，但是每个人自身的专业知识又不同，想要让谈话对象对自己所说的专业知识感兴趣，就需要运用一些高情商的沟通技巧，深入浅出地与外行交流。把你的核心思想不打折扣地装进别人的脑袋。

提高语言吸引力，打破交谈壁垒

“007”是风靡全球的系列谍战电影，“007”不仅是影片的名称，更是主人公——特工詹姆斯·邦德的代号。特工“007”詹姆斯·邦德（James Bond）是一套小说和系列电影的主角名称，他深受观众喜爱不仅是因为他智勇双全，更因为他是一个“撩妹高手”，善于在聊天中创造吸引力。在电影《皇家赌场》中，詹姆斯·邦德曾经对女主角维斯帕·琳达说过这样一句话：“你的美貌是个问题。你担心别人不会认真看待你。”他凭借自己的高情商和高超的话术技巧立即吸引了琳达的注意力，于是两个人的感情迅速升温，演绎了一段刻骨铭心的爱情故事。

交流的语言缺少了吸引力，就像一幅画缺少了色彩，所以我们在与人沟通时，要像特工“007”一般，学会让自己的语言具有吸引力，展现自己的高情商。不过，你需要花费心思，认真思考和学习，找准切入点，这样才能提高自己的情商，让别人对你的话题感兴趣。常言道，隔行如隔山，当我们和别人谈论的话题超出了自己的常识范围或者涉及专业问题时，难免会遇到“交谈壁垒”，也就是在与人沟通的时候，总是感觉面对面的人，说话交流的时候，仍然感觉有一道屏障横在中间。这时，并不是对方有意抗拒你们之间的沟通，而是自身的认知能力有限，无法和你继续交流下去。这就需要我们在交谈中提高语言的吸引力，让对方乐于倾听并主动参与话题讨论，进而理解我们要表达的重点。

通常，增强语言的吸引力主要有四种方法：

· 找到彼此的共同关注点。

有这样一个故事：一个做石油生意的人想要与一个潜在客户签约，他先是找到了一个从事金融行业的中间人，希望对方帮忙促成这笔生意。而中间人为了稳妥起见，想要了解生意人的主要业务，就和他聊了起来，聊着聊着就谈到了专业问题——石油。

眼看中间人对交流的兴趣逐渐下降，生意人灵机一动，给对方看了一篇页岩气（页岩气是蕴藏于页岩层可供开采的天然气资源）的科普文章，文章写得通俗易懂，生动有趣，引起了中间人的极大兴趣。于是生意人就以页岩气为切入点，将中间人的职业知识融入谈话中，从开采价格高于沙特阿拉伯聊起，又谈到了风险投资，接着又谈到了页岩气的市场竞争力，最后聊到了世界级能源革命。生意人通过自己的高情商找到了双方共同的关注点之后，中间人也对石油和能源产生了兴趣，认为该行业前景十分乐观，就帮助生意人促成了这笔生意。

在这一系列沟通话术中，生意人表达的重点是“能源”，而能源是和每个人的生活息息相关的，做饭需要能源，开车需要能源，办公需要能源……能源牵涉了每个人的工作和生活，生意人以能源作为谈话的切入点，并且将其与中间人的职业结合，成功地提高了自己语言的吸引力，获得了帮助。要想让别人对你的话题感兴趣，你就需要提高自己的情商，进而提高自己语言的吸引力，打破“交谈壁垒”。

· 直观描述法。

广告界流传这样一句话：想要勾起一个人吃牛排的欲望，将牛排放到他的面前虽然有效，但更有效的方法是让他听到煎牛排的“滋滋”声，这是让人无法抗拒的声音，对方会不由自主地吞咽口水。外行人由于自身相关的知识、认知和经验等有限，会觉得你所说的很多问题都比较抽象，所以在你跟他们交流的过程中，你就需要采用更形象的说明方式与他们交流，这样更能打动他们。

国外有一对夫妻拥有一套两居室的住宅，但是他们嫌房子太小，打算换一间更大的。于是找房产经纪公司帮忙出售这套小房子。经纪人马上登了广告：漂亮二居室住宅，有壁炉、车库、瓷砖浴室、冷气设备，离学校、体育场、高尔夫球场很近。然而广告已经登出3个月了，竟然还无人过问。于是这对夫妻亲自撰写了广告：我们住得十分快乐，不过两个卧室不够用，只好搬家。倘若你愿意听到春天的蛙鸣，倘若你喜欢拥有遮阳的庭院，倘若你喜欢坐在炉边看着窗外的秋景，倘若你想看到冬天的落日……选择这套房，你不仅会享受田园的宁静，还会享受现代城市的便利，而我们也不想让它空度圣诞。这则广告显示出了夫妻二人的高情商，广告登出后第二天就有6个人过来看房，最后一人出资购买。

房产经纪人登出的广告虽然都描述了客观事实，但是“参数感”过于浓厚，没有让潜在的购房者了解拥有这套房以后的好处，广告缺乏吸引力，无法打动人心。而这对夫妻撰写的广告，用形象的语言描述出一个舒适、美丽的住宅，给人以身临其境之感，话语增强了吸引力，自然就激起了人们的购买欲。

· 用讲故事的方式。

用讲故事的方式表达话语的关键信息是如今最流行的沟通方式，高情商的人一定会选择合适的故事来帮助自己表达重点，因为故事不仅能够让原本枯燥的信息变得趣味十足，还能使对方对你表达的重点产生兴趣，心情愉悦地接收你的信息。如果你也想成为一个高情商、高效表达自己的人，那你的故事一定要别致，这样才能给对方留下深刻印象。

商界中流传着一句话：成功的营销从讲故事开始。其实，简练有效的表达也是从讲故事开始，用讲故事的方式能够有效传递信息，让谈话富有感染力。你也可以运用感性让对方理解你，体现自己的高情商。

瑞肯是德国著名的空气净化器企业，一天，瑞肯的创始人冯·布劳恩在公园散步，无意中看到一对情侣吵架，忽然想出了三个问题：这对情侣为何吵架？他们能不能和好？是男的主动和好还是女的主动？后来，布劳恩知道了他们吵架的原因：女孩喜欢一种红色的花，却对这种花过敏，男孩担心女孩的健康拒绝把花带回去。看到他们这么相爱，布劳恩决定帮助这对情侣解决问题。他给了男孩一张名片，让男孩到瑞肯集团免费领取一台空气净化器。由于当时净化器并没有普及，男孩有些犹豫，但还是领走了净化器，把它安装在家里。过了一段时间，男孩并没有发现女孩出现花粉过敏现象，这成功地解决了他们之间的问题。后来，这个颇具浪漫色彩的故事传遍了全德国，不少人都开始关注空气净化器，瑞肯的产品销量也开始不断增长。

在这个故事中，空气净化器对很多普通消费者来说都比较陌生，但是冯·布劳恩运用自己的高情商巧妙地将净化器和恋爱故事联系起来进行产品宣传，巧妙地用人人感兴趣的恋爱故事表达自己的重点，帮助瑞肯提高了销量。

·举例说明。

有研究表明：用十倍的案例证明一个事实比用十倍的道理证明一个事实更有效，特别是对于外行而言。举例说明能够让对方感同身受，提高你的表达效率，成功表达出话语的核心内容，让别人快速明白你的意思。

一个健身教练在和一个从未参加过健身活动的人交流时，需要表达的重点是什么呢？是健身吗？当然不是，因为外行对此并不了解，自然无法产生共情心理，所以可以谈论普通人都感兴趣的话题——健康。健身教练可以这样表达自己的核心意思："先生，随着年龄的增长，人的体能都会越来越差，健康也不如从前，为了延缓衰老，就要好好锻炼肌肉，塑造良好的体型。如果现在不抓紧，过了五年、十年就晚了。而且据我观察，您现在的身体已经处于亚健康状态了，如果不注意锻炼，长期下去会影响您的工作效率和前途。所以找一个合适的健身教练，为您打造专属健身计划，等于帮您保持健康，间接提高您的工作效率，帮您获得成功。"

在这段沟通话术中，健身教练列举了不锻炼身体会给对方造成的负面影响，绕开了外行人不熟悉的"健身"，而直接与他谈"健康"，起到了准确描述重点的作用，对方自然会明白健身教练的意思。

要想进行高情商的沟通就需要在谈话中提高吸引力，也就是用对方能够理解的语言和沟通方式去沟通，弱化专业性的话题，打破知识和谈话壁垒，找出彼此的共同关注点，让对方快速地接纳你要表达的重点。

学会这一招，就能轻松说服他人

美国主持人林克莱特，在一期节目中问一个小朋友长大后想要做什么，小朋友说要当飞机驾驶员。林克莱特接着问道："如果有一天，你的飞机飞到太平洋上空所有引擎都熄火了，你会怎么办？"小朋友说，他会先告诉乘客系好安全带，然后自己挂上降落伞跳出去。听到这番话，现场的观众都哄然大笑。林克莱特问小朋友为什么要这么做，小朋友说："我要去拿燃料，还要回来救他们！！"这句话说完，观众的笑声戛然而止，他们才意识到自己误解了一颗纯真的童心。

在这个故事中，小朋友开始的回答之所以让人发笑，是因为在成人看来，驾驶员跳伞就是抛弃了乘客；然而在小朋友的认知中，他这样做是为了拯救乘客，这就是成人的经验认知和孩童的产生了冲突。

不同人之间的沟通，从一开始就很难产生共鸣，这是由年龄、职业、阅历以及文化背景等多重因素造成的。要想达到高情商的沟通，就要结合对方已有的经验详细地阐述自己的意思。这样，对方才能接受你的看法，从内心深处与你产生共鸣。产生共鸣是心理学中“情感共鸣”的原理，通常可以分为三个阶段：导入，也就是心理接触的开始；转接，也就是心理接触的中级阶段；最后是正题，也就是心理接触的高级阶段。

人们习惯和自己有着相同行为模式和社会经验的人沟通，所以要想让对方理解你所说的重点，就必须了解对方已有的经验，这样，才能拉近彼此的心理距离，达到情绪共鸣的状态。让对方接受你表达的重点，了解对方已有的经验，这需要关注四方面的内容。

· 关注对方的情绪。

一个人的固有经验会在一定程度上影响他的情绪反应，比如，面对发怒的老板，老员工会装出诚惶诚恐的样子，等老板怒气消散之后照旧工作，这就是职场经验带给人的情绪反应。如果是新员工，面对老板的指责可能会据理力争，冲撞老板，吃亏的还是自己。因此，在沟通中要学会观察对方的情绪，不要急于开口，确定对方是否愿意和你交流。如果对方情绪状态良好，有意愿和你交流，只要共鸣法则运用得当，你就能快速打开他的内心世界，实现高情商沟通。

比如，你要向外行描述一款治疗心血管疾病的新药，这时介绍药物成分和药理是无用的，因为对方对此一无所知。你可以试探性地询问对方家中是否有老人，老人的身体状况如何。只有切换到这个话题，对方才可能会表现出担忧老人身体健康的情绪，这时你再谈论新药及其作用，就能够以“照顾老人”为共同经验和对方展开谈话，让对方明白你要表达的重点是“这款新药能帮老人治愈心血管疾病”，从而达到沟通目的。

· 关注对方的经历。

每个人的经历都不会完全相同，但也不会完全不同，衣食住行和生老病死这些都属于人类共同要面对的问题，也可以作为引发共鸣的“素材”运用到表达之中。其中，最常见的共鸣是经历共鸣。比如，你去饭店吃川菜，发现口水鸡味道不错，就把这家店推荐给了朋友，后来朋友去品尝也觉得菜好吃。有了共同的经历以后，当你们再次聊起这个话题时，就能产生共鸣，而以这个话题为核心进行的沟通就会变得更加顺畅。

同样，当你准备向一个不懂餐饮的外行介绍川菜连锁店的加盟项目时，与其大费周章地讲你们连锁店的市场占有率等专业性的内容，不如从对方喜欢的川菜谈起。如果你们都喜欢吃水煮肉片，你就可以给他介绍做这道菜比较出色的川菜馆。也许你们在同一家店吃过，就以品评这道菜为共同经验的切入点，让对方直观地了解川菜在餐饮市场的受欢迎程度，循序渐进地让对方了解加盟川菜连锁店带给他的经济收益，从而获得他的赞助和支持。

· 关注对方的认知偏好。

一次，中国现代著名画家丰子恺在轮船上遇见一个钱庄商人问他的姓名。丰子恺答：“姓丰。”钱庄商人纳闷地问：“什么风？”丰子恺解释道：“咸丰皇帝的‘丰’。”

钱庄商人不解。因为年代相去甚远，商人也不大看历史书，因此并不知道咸丰。丰子恺又说：“五谷丰登的‘丰’。”谁知钱庄商人仍不知道是哪个“丰”，丰子恺哭笑不得，只好拿笔在纸上写了个“丰”。

钱庄商人一看，恍然大悟，连声赞道：这姓不错！是“汇丰银行”的“丰”啊!

丰子恺也乐了，心想：不错不错，“汇丰银行”的确比“五谷丰登”要时髦，比“咸丰”要通用。

没多久，丰子恺和一个农民同乘一辆车，二人交谈甚欢，丰子恺自我介绍道：“鄙人姓‘丰’，汇丰银行的‘丰’。”农民大叔一辈子在乡下种田，并没听说过还有个汇丰银行，就摇头表示不知。丰子恺就说：“咸丰皇帝的‘丰’。”农民大叔只关注自己的温饱，并不去管谁又坐了江山，何况是百年前的皇帝，仍是摇头。

丰子恺只好在他手上写了个“丰”。农民大叔忙说：“好姓好姓，年年丰收、五谷丰登的‘丰’啊！”

丰子恺的故事证明了一个现象：从对方的认知偏好出发才能简练有效地表达重点。商人经常和银行打交道，所以他更熟悉“汇丰银行”；农民经常和五谷杂粮打交道，所以更了解“五谷丰登”。显然，商人和农民都有各自的认知偏好，从而形成了不同的汉字储备体系，而丰子恺没有看到这个差别才会如此浪费口舌。

如果你是一个婚恋网站的业务推广员，面对一个没有婚恋经历的人时，过多地描述婚恋生活显然是无用的，不如从对方的认知偏好入手。如果对方喜欢看电影，你就可以讲讲通过网站线下成功约见的真人故事，让对方知道通过搜索“喜欢的影片”就能找到志同道合的婚配对象，从而引起他的兴趣。即便他没有线上交友的经历，也会愿意接受你表达的重点：“婚恋网站能够快速找到适合的对象”。

· 关注对方的情感。

上面说到的经历共鸣其实是一种浅层次的共鸣，更深层次的共鸣是情感共鸣，它更能够打开对方的心房，用感性的力量去说服对方。这就需要我们运用自己的高情商在与人交谈中机智地选择合适的表达方式，找准切入点，引起对方的情感共鸣。

不同的经历造就不同的人，而拥有共同的经历、认知偏好、情感生活的人又成就了朋友和情侣。面对外行也好，面对陌生人也罢，沟通隔阂固然存在，但不需要感到恐惧。只要我们认真观察沟通对象，找到彼此交谈的切入点，就能快速拉近彼此的距离，走入对方的内心世界，让他接受并理解你表达的内容核心。

掌握核心诉求，才能表达重点

战国时期，鲁国有两户人家，每家都有两个公子，其中一家的公子，一个学礼，去齐国当官，另一个学法，去楚国当官，结果都功成名就。另外一家的公子，一个学礼，去秦国当官，另一个学法，去韩国当官，结果都遭遇杀身之祸。为何会有如此大的差距呢？众所周知，齐国以礼治邦，楚国以法强国，所以前一家的两位公子分别去这两国效力自然会功成名就。秦国强大，学法才有用武之地，而韩国弱小，学礼才能出人头地，然而后一家的两位公子弄错了这两国的政治方向，自然得不到好下场。从人际沟通的角度看，齐国、楚国、韩国和秦国都是我们要交流的对象，只有了解它们的核心诉求，才能与之进行高情商的沟通。换句话说：对方的诉求是什么，我们的沟通重点就指向什么。

如果我们是做销售的，面对普通消费者（外行）时，要从他们的工作方式和生活状态入手去了解他们的诉求。当然，他们的诉求绝非是一成不变的，会产生新的诉求，所以我们表达的重点也要跟随之变化。以推销电视机为例，过去人们只希望获得一台收看少量节目的电视，随着科技的进步，出现了外接VCD、DVD、可以唱卡拉OK的电视，再后来出现了网络电视和智能电视，这就意味着需求发生了变化，如果你是一个电视机推销员或者导购员，就要将表达重点放在“需求变化”上，就可以选用这样高情商的话术：“我们这款电视可以实时升级固件，购买之后赠送VIP会员，能够收看最新的院线电影。”这样就能直击对方的内心诉求，增强顾客的购买欲望，比直接介绍电视性能更有效果。

如今智能手机十分普及，却还是有一部分老人不愿接受，他们不了解智能手机，那么如何说服他们使用呢？就要找准他们的核心诉求。一位朋友的父亲年近六十，脾气倔强，大家都陆续使用了智能手机，这位朋友就打算劝父亲也换一部智能手机，于是向他描述了智能手机能上网看杂志、查资料等各种优点，可父亲的回答依然是：我根本就用不到手机，买了我也不用。这位朋友以为老人心疼钱，就自作主张地买了一部手机给他，结果父亲坚决不要，朋友只好将手机退掉。后来，朋友的母亲以为是老伴儿不喜欢这个款式，用退休金又替他买了一部手机，结果被他痛骂一顿。然而过了一个星期，父亲突然对朋友说，他想要一部智能手机。朋友感到非常奇怪，后来才弄清了真相：父亲在业余时间会参加小广场的民乐队，拉拉二胡，起初队友们都是电话联系，后来组建了“民乐爱好者”微信群，有活动消息都通过微信传播，不会用智能手机的父亲就落了伍，甚至还被几个老哥们儿嘲笑，因此才决定购买智能手机。

从这个故事中可以看出，对于父亲这种“外行”来说，如果母子二人能向父亲介绍智能手机的“社会属性”——和别人联络的重要工具，效果就会大不相同，因为人人都离不开社交。很多时候，我们采用了错误的沟通方式与别人交流，就造成了低效率甚至无效率的沟通。如果我们能尽早锁定对方的核心诉求，就能找到沟通的突破口，达到高情商的沟通。

在面对外行时，我们应当多和他们交流，认真倾听他们的话语；或者留意他们和别人的交谈方式和内容，一旦发现有价值的信息要记在脑子里，如果有疑问要尽量找出答案，这样才更有可能了解对方的核心诉求，从而进行高情商的沟通。

一个广告公司的业务员接待了一位客户，客户想要做一本杂志放在医院大厅里，却因为缺乏刊号无法发行，业务员耐心地听着客户讲述他们刊物的创作团队、采访资源等竞争优势，最后业务员说：你们这些资源我们暂时用不到，不过采访可以考虑一下，请问如何收费呢？客户马上报价，业务员认为价钱合适，于是双方签了合同。这次谈判之所以如此顺利，是因为业务员认真地倾听对方的话语，清晰地抓住了对方想要拉广告的需求，这和广告公司开拓业务的需求不谋而合，于是将表达重点放在“如何收费”上，和对方的想法快速达成了一致。

寻找核心诉求的关键在于是否用心，无论是日常交流还是商业谈判，无论是情感沟通还是学术报告，都不能因为对方在某些问题上的“无知”而忽视其潜在需求和核心诉求。因为需求决定一切，只有准确摸清对方的心理动态，才不会高估或者低估对方的认知能力，才能找到合适的交流方式，从而达到自己的沟通目的。

要想办成事，就要学会快速描述重点

古时候有一个秀才，家里做饭没有柴了，他就急着去街上买柴。刚巧一个樵夫从对面走过来，秀才说："荷薪者过来！"樵夫听不懂"荷薪者"的意思，只听懂了"过来"，就将柴火担子放在秀才面前。秀才说："其价如何？"樵夫只听懂了"价"，就说出了价钱。然而秀才又说："外实而内虚，烟多而焰少，请损之。"意思是木材外干内湿，不能完全燃烧应当便宜点。这回樵夫彻底听不懂秀才的话了，于是挑着担子离开了。

秀才家里等着做饭，可他却不能在短时间内表达重点——我要低价买柴，反而说起了让樵夫听不懂的文言用语，这就是无效沟通的典型案例。

古人云："立片言以居要"，意思是用最简练的词语描述最丰富的内容，起到一语破的的作用。语言是一门艺术，也是一门技术。在信息过剩的今天，如何在短时间内表达重点会决定沟通的结果，体现一个人的社交水平。

如果你是一位电视台的记者，有一天需要采访一个工厂的技术员，但是你不了解技术方面的话题，对方也对新闻传媒不太清楚，双方对彼此来说都是"外行"。那么，如何在短时间内打开谈话的僵局呢？你可以从技术员的业余爱好聊起，让他觉得你是有备而来，比如这样提问："听说您喜欢乡村音乐，它对您的工作是否有帮助呢？"一个简短的问句引出了两个话题：本职工作和业余爱好，让对方有充分的发挥空间，既能帮助你完成采访任务，又能拉近彼此的距离，这就是运用自己的高情商快速描述重点的案例。

某些沟通情境会涉及一些比较敏感的话题，通常越是涉及细节越让对方觉得为难，因此只有快速表达才会规避这些问题。如果你是一位视频网站的记者，想要在街头随机采访路人关于婚前性行为的话题，必定会有一些人感到难以启齿。即使勉强回答了，那也不是发自内心的真实想法。自然不能直接这样发问：

“请问您对婚前性行为这种社会现象是如何看待的？”而是应当快速描述重点：“相爱的人婚前发生关系可以吗？”这种问法就避开了“社会现象”这种给人带来压力的词汇，也避开了“如何看待”这种带有追问色彩的措辞，改用聊天的方式询问对方，更容易获得真实的答案。

我们强调的快速描述重点并非是口无遮拦，而是要深入谈话中心，引起对方的兴趣并获得他的理解和认可。大家的时间都是宝贵的，只有在短时间内让对方记住你传递的信息才能进行高情商的沟通。否则，只会让对方走神，忽略了你要表达的重点。

心理学家詹姆士说过：“与人交谈时，若能做到思想放松、随随便便、没有顾虑、想到什么就说什么，那么谈话就能进行得相当顺畅，气氛就会变得很活跃。”很多人之所以在沟通中让人反感，是因为他没有快速触及重点。

在快速描述重点之前，我们要在脑子里筛选将要表达的内容，用富有逻辑性的词语增强表达效果，比如第一、第二、第三等字眼，这能让你分清主次。另外，快速描述重点的诀窍在于随时观察对方的情绪变化，如果发现对方情绪变得焦躁或者沮丧，就要马上回顾自己刚才说过的话是否描述了重点，进而确认对方是否愿意听你表达的内容。如果你没有习惯这种沟通模式，一开始可能会觉得有些疲惫，不过只要坚持下去，很快就能提高沟通能力。

在和对方沟通之前，切莫为了盲目满足对方的需求而说违心的话，更不能让谈话偏离所要表达的重点。这样才不会扰乱你的沟通思路，背离你的谈话目标。只有不断塑造条理清晰的沟通模式，才能打通快速描述的交流渠道，带给对方清爽、通透的社交快感，才能做到高情商沟通，让你在职场上显得更专业，在朋友圈中显得更贴心，在社会上显得更受欢迎。

客观表述，会有意想不到的效果

耕柱子是墨子的得意门生，却总是遭到墨子的批评。有一天耕柱子问墨子："老师，难道在这么多学生当中，我竟是如此的差劲，以致要时常遭您老人家责骂吗？"墨子回答："假设我现在要上太行山，依你看，我应该要用良马来拉车，还是用老牛来拖车？"耕柱子说："再笨的人也知道要用良马来拉车。"墨子又问："那么，为什么不用老牛呢？"耕柱子说："理由非常的简单，因为良马足以担负重任，值得驱遣。"墨子说："你答得一点也没有错，我之所以时常责骂你，也是因为你能够担负重任，值得我一再地教导你。"对话中，墨子既没有回避耕柱子的缺点，也表达出了对他的器重，让他终于放下了思想包袱，诚心接受老师的教诲。

表达重点通常是为了传递信息和说服对方，但这并不意味着要给自己的脸上贴金，每一次沟通都应该基于事实，否则沟通术就变成了诡辩术。当你向对方呈现出真实的信息时，你在对方心中的可信度就会提高，沟通的结果就会朝着你的预期目标靠拢。

一个房屋中介公司的销售人员向客户介绍房子的时候从来不避讳缺点，但业绩却很好。有一次，他向客户推荐一栋写字楼："现在我给您介绍这个房子，房间确实有点大，不过我相信几个月后，您又会嫌弃它太小。因为按照我的观察，您的公司肯定会逐步做大，业务拓展之后，再扩充几个部门，增加的人员和办公设备正好可以填满剩余的空间。"在这段话中，销售人员并没有避讳"房间大"这个缺点，但他的表达重点却在"房间和公司未来发展"的联系上，这是客户最关心的话题。即便客户不了解房屋结构，他也能明白空间和公司业务之间的联系，这就是不避讳缺点的高情商话术。

有时候，不避讳缺点，不夸大优点，客户更容易买账。还是以那位销售人员为例，他在向一位资金并不充足的客户推荐紧凑型办公室时是这样说的："这间办公室空间不大，但分布非常合理，能够密切员工之间的沟通，比那种空旷的大办公室更容易营造温馨的气氛，而且水电费用也不高，对您这种初创型企业再合适不过了。”销售人员从人际沟通和水电费两个角度阐述了小户型的优势，并没有夸大优点，也明确指出这个办公室适合“初创型企业”，使得客户欣然买账，促成合作。

沟通中最常见的一种情况就是自我介绍，这也是最能和优缺点挂钩的沟通话题。没有人是完美的，一个人在介绍自己的时候，如果只是一味地说自己是多么优秀，简直就是完美的存在，别人会认为这个人十分自恋，还很强势，不会听得进去别人的观点，自然不愿意与他有过多的交流。所以，在向别人介绍自己时，只有客观合理地描述才能突出重点——我是一个什么样的人，才能让别人更直观地了解你，进而产生与你深入交流的意愿。但在陈述自己缺点的时候，也要注意技巧，不然会让别人误解你。比如，你在自我批评时，谈到了爱迟到这个缺点，千万不要这么说：“我这个人就是时间观念不强，我保证以后肯定不迟到了。”这样给人感觉是你除了爱迟到的毛病外再没有其他缺点了，显得有些自大。正确的说法应该是：“我知道自己在组织性和纪律性方面不强，以后一定加强自我约束能力。”这样的说才能体现出“正确认识自己”这个表达重点，否则就会给人避重就轻、回避核心问题的感觉。当然也不能将自己的缺点全盘托出，那样会让别人觉得你的缺点很多，很难再去关注你的优点。在恰当的时机描述自己的优点，可以增加别人对你的好感，从而愿意与你深入交流。一个能客观表述自己的人，一定是真诚的人，大家都喜欢和真诚的人做朋友。因此，要想让别人理解自己所说的重点，就要学会客观表述。

很多商场里，我们都能看到一些只提优点而不提缺点的导购员，他们会把一款面膜说成包治百病的良药，能把一台洗衣机说成是可以刷碗洗澡的黑科技产品，这样的话术对阅历浅的顾客或许管用，但是对有经验的顾客来说等于宣告自己不诚实和套路深。

其实，很多沟通话术也属于内容营销，但这种营销不应当理解为报喜不报忧，那种无限夸大自己并无限贬低对手的方式已经行不通了。因为消费者的观念已经改变了，他们的判断力和自主性相比过去也提高了很多。同理，人们的沟通能力也会随着年龄的增长而加强，只有在推销产品时坦陈优缺点，才能表达自己要说的重点，抓住客户的内心需求，促成交易。

如果你是商场的导购，你的表达重点是向顾客传递“这是一款什么样的产品”，而非是硬让顾客“买这个产品”，强卖硬推的方式只会让对方反感。面对顾客应当在描述产品优点的同时，用恰当的表达方式说出产品的缺点，例如：“这款洗衣机十分省水，就是价钱高一点；这台笔记本电脑性能较强，但是续航稍差……”这就是优缺点相结合的表达方式，当你向沟通对象展示优缺点时，对方会考虑价格优先还是功能优先，会在你的介绍下不由自主地进行对比，无形中将自己的购买需求强化。换句话说，当一个人对某个事物投入过多的精力时，选择的可能性就会增大，你也就更容易卖出产品。

相比之下，单纯夸大优点的话术，只能让顾客思考“买”或者“不买”两个问题，那么客户购买概率只有50%，因为对方很可能不信你天花乱坠的营销术语。越是夸耀自己、回避缺点的话术，越容易惹人生疑，甚至感到厌恶。不如坦言自己的缺点，例如告诉对方：“我这个人做事比较急躁，耐性也比较差……”虽然暴露了自己的缺点，但是对方听到你亲口承认就能增加对你的信任，自然愿意和你交流。

想要和人进行高情商沟通，不能单纯依靠口才，还需要对表达的重点进行透彻分析。只有将产品的优缺点都展示给沟通对象，才是负责的表现，而且这样做往往也会有意想不到的效果。

有一个家用电器推销员，去一家敬老院推销洗衣机，见到院长后，院长对推销员说：“我们确实想要换几台洗衣机，不过今天上午已经来了四个推销员了，我不知道该购买哪一个品牌，请你留下一张名片，等我考虑好了给你打电话。”推销员知道，面对竞争对手必须突出自己产品的优势，只留一张名片胜算太小，于是就问院长：“请问你们原来的洗衣机为什么要换呢？”院长说是机器老化加上老人增加，需要购买几台新的。推销员说他们的洗衣机质量好不易损坏，院长却认为无论哪种品牌洗衣机的保质期都是一年左右；推销员说他们的洗衣机保修期三年，而且过了三年还会上门维修，费用仅仅是市场价的一半，唯一的缺点是洗衣机功率并不很大，院长听了之后考虑半天，最后答应购买。

推销员之所以敢将功率不足这一缺点表达出来，是因为这次沟通的重点是“洗衣机的售后维修问题”，也是院长的最大痛点，而功率小这个缺点不是对方最在意的，谈成了这笔生意，这就是高情商沟通的表现。

在人际交往中，向对方展示自我，或者展示你推荐的产品、人脉或者其他事物时，需要突出的重点是“独特性”和“不可替代性”，自然就涉及优缺点。有人担心暴露缺点会降低他人对自己的社会评价，其实不必担心，当你展示出缺点时，就会让对方在心理上产生一定的免疫力，会在无形中降低对你的要求，宽容度也会随之增加。相反，如果你在沟通中回避自己的缺点并放大优点，只能引起对方“找碴挑刺”的兴趣，等于将自己逼进了死胡同。

第二章 如何高情商地搞定客户

与客户沟通时，我们要锻炼自己的观察力，了解客户的心理，满足客户的需求，达成合作，实现共赢。我们要有很好的反应能力和强大的抗压心理，以客户能够接受的、容易认可的方式，清晰地表达自己的观点，让客户了解自己的公司和产品，从而促成合作。

沟通中做好铺垫很重要

一个老天使和一个小天使化装成僧人进行长途旅行，途中借宿到一个有钱人家里，却遭到了对方的慢待：让他们住在冰冷的地下室里。在天使们铺床时，老天使看到墙上有一个洞就顺手将其修好了。小天使不甘心，问为什么，老天使说："有些事并不像它看上去那样。"第二天，两个天使借宿到一对穷人夫妇家里，受到了热情的款待。第二天一早，天使们看到穷人一家在哭泣，得知他们唯一的一头奶牛死掉了。小天使生气地对老天使说："有钱人家什么都有，你还帮他们修补墙洞，穷人家对我们这么好你却不救活他们的奶牛。"老天使回答："有些事并不像它看上去那样……我们在地下室过夜时，我从墙洞看到里面堆满了金块，我不想让那家人得到这笔财富就把洞填上了。昨天晚上，死神来召唤女主人，我用奶牛代替了她。”

在两个天使的沟通中，老天使没有直接批评小天使的不谙世事，但是做了重要的铺垫——“有些事并不像它看上去那样”，而这句话为老天使想要阐述的重点做了铺垫：有时候真相不是你看到的表面，而是被人忽视的部分，小天使也理解了老天使的意思，从中获得了感悟，这就是高情商的沟通。

在日常交流中，人与人之间难免存在信息不对称的情况，这会严重影响到交流结果，会让对方无法理解自己要表达的重点，因此为了让对方更容易理解自己，最终实现高情商沟通，我们在交流中要做好铺垫。需要注意的是，为了检验铺垫是否有良好的作用，我们要关注对方是否在交流中理解了你的话，这样才能确保信息的“无损传递”。

如果你是一个化妆品推销员，向客户推荐产品之前，可以先做铺垫：“这位女士您知道吗？如今不少有身份的人都开始使用国际高科技的抗衰老产品，能够让自己保持年轻和美丽，而我们这款产品正是针对您这种有身份、有品位的顾客。”这段话术中表达的重点是“你需要使用这款抗衰老的产品”，而“有身份”

和“有品位”则起到了铺垫作用，让顾客无法拒绝，因为拒绝就等于承认自己“没有身份和品位”。由于面向的是客户，他们并非是专业人士，过多地强调抗衰老产品的成分和药理意义不大，也不能通过对方的反馈确认其对产品是否有认同感，所以做好铺垫，更容易达成交易。

沟通中，我们需要和对方保持交流的可持续性，这对于商业营销和情感维系都有重要意义。只要铺垫得当，就能得到对方的肯定和欣赏，自然就会达到我们的沟通目的。当然，铺垫需要掌握一定的技巧，主要体现在以下三方面。

· 掌握措辞的方式。

铺垫是为表达重点而服务的，所以拉近彼此的心理距离是首要的，这涉及一些小技巧，比如在交谈中多次提及对方的名字，这样对方会感到自己被重视，你们之间的沟通氛围会变得融洽，对方也愿意关注你表达的内容。还可以用暗示法，通过暗中传递信息的方式让对方放松警惕，避免因为理性思考而导致双方僵持不下的局面，这就好比在硬木沙发上铺上垫子，坐上去才能感到很舒服。

举个例子，你想跟客户谈论一个招商项目，找到一个中间人想让他帮忙介绍，可是他对招商并不了解，面对这类有话语权却缺乏经验的沟通对象可以这样表达：“我是山东人，性格比较直爽，做事干脆，今天和您见面觉得和您很投缘，您和我的脾气很像，希望在您的引荐下不虚此行。像我们这种跑业务的人，虽然接触的人不少，但是遇到的有魄力的人却不多，您是其中一个。”在这些高情商的话术中，“您和我的脾气很像”就暗示了对方和自己一样“做事干脆”，为表达重点起到了铺垫作用：“既然您是一个做事干脆的人，如果没有异议的话请帮我和招商单位牵线搭桥。”这样一来，对方不仅会对你产生良好的印象，还会帮你加快项目的推进。

·认真倾听对方的表述。

铺垫的最终目的是让对方接受你传递的信息，所以要注意对方在沟通中的反应，认真倾听对方的表述，只有让对方感觉到自己受到尊重，他才会以同样的态度认真听你说话，进而了解你说的重点。高情商的人一定是善于倾听的人，并且善于从对方的话语中找到核心内容。

在倾听中，我们需要关注对方的痛点在何处，这个痛点可以是商业层面的“需求问题”，也可以是日常沟通中的“心结问题”，只有锁定这个痛点并分析成因，才能找准铺垫的表达方式。比如，你想向一位家长推荐幼儿园，对方可能担心孩子会受到虐待，会在沟通中委婉地触及这个话题：“不知道你们幼儿园老师的年龄都多大，是否有孩子。”其实这段话的隐含意思就是：“你们的老师是否已为人母？如果有了自己的孩子，对待别人的孩子应该不会太粗暴了吧？”这就是从侧面打探幼教的个人素质状况。为了打消对方的顾虑，你就可以以此为铺垫的目标进行谈话：“我们大部分老师都已婚生育了，也有少部分未婚的，不过都在从业之前积累了照顾孩子的经验，可以说是理论和实践都很丰富，另外我们的监控系统配备完善，您大可放心。”这就为“我们的幼儿园符合您的要求”这一重点做了铺垫，打消了沟通目标的顾虑，实现了高情商沟通。

·遵循客观的事实。

有些人将铺垫理解为戴高帽、拍马屁，这是错误的认识。铺垫要以事实为根据，起到承上启下的作用，所以不能严重脱离事实。如果你是做美容产品的，在赞美一个女客户时，明明对方皮肤黝黑你却夸赞人家皮肤白皙，这会让对方感到你在刻意奉承自己，而你接下来要表达的重点也会被认为是浮夸不真实的，铺垫就起了反作用。其实，人人都有优点，只要仔细观察肯定能找到合适的切入点与人沟通，切忌盲目地铺垫。

铺垫的终极目的是为我们表达重点清扫障碍，让我们在一次沟通失败的情况下还有第二次沟通的可能，这就需要我们对沟通目标有一定的了解，在交谈的过程中抱有诚意。可以这样说，铺垫是交流中的“虚招”，只要运用得当，就能为表达重点这一“实招”打好基础。

抓住关键信息，满足对方需求

从前，有个王国的小公主生病了，国王十分着急，小公主告诉父亲：如果她能拥有月亮，病就会好。于是国王召集国内最聪明的人，想要集众人之力拿到月亮。可大家觉得这是不可能的事，一位大臣说："月亮是由熔化的铜做成的，远在三万五千里外，比公主的房间还大，很难拿到。"一位魔法师说："月亮远在十五万里之外，用奶酪做的，比皇宫还大两倍，不好拿到。"一位数学家说："月亮又圆又平，像个钱币，有半个王国大，不可能有人能拿到它。"众人争论半天也没有结果，国王只好找小丑弹琴为自己解闷。小丑得知国王心中的烦恼之后说道："当务之急是要弄清小公主心中的月亮有多大。"于是，小丑便去询问公主月亮有多大。公主说："大概比她拇指的指甲小一点，是用金子做的。"很快，一条金项链打了出来，小公主得到了她想要的"月亮"，病很快就好了。

在这个故事里，年幼的小公主没有传递给人们最关键的信息——她心中的月亮是什么样子的，导致国王等很多人并不清楚她真正的需求，走了弯路。

在沟通中经常会遇到这样的人，性格很开朗，但是和他说话时却经常感到烦躁，甚至不想和他说话，因此也就不愿与之建立亲密关系。其实，这种人就是不擅长在沟通中展现自己魅力的人，他们不懂得如何向别人传递关键信息。虽然他们说起话来滔滔不绝，但都是无价值的内容，处处体现出他们以自我为中心，不考虑别人感受的性格特征。

沟通要讲究效率，要在最短的时间内表达最全面的信息，但前提是关键信息不能丢失，否则会让对方云里雾里，不知道你究竟想要表达什么，因此需要注意以下五方面。

·重点谈结果而非过程。

当我们在谈到个人经历时，往往会把过程说得过于详细而忽略了结果。因为，我们主观地认为结果是既定的，过程才更值得回味。而站在接受方的立场上看，他们更想要知道结果而非过程。这个结果就是关键信息，一旦被弱化就会让对方感到急躁，以至于没有耐心去听你描述事情的整个过程。特别是面对客户时，过多地描述过程往往涉及很多的专业性术语，很难让人听懂，语言自然会缺乏趣味性，难以实现高效沟通。

如果你是一个广告公司的业务主管，准备和甲方沟通广告创意时，对方可能对广告并不了解，所以你在沟通时就要避免过多地谈论创意形成的过程，这样既会让对方觉得你在邀功请赏，也会让对方认为你在卖弄专业内容。其实，客户想要的无非是你们头脑风暴之后的结果，这才是你要表达的关键信息。要想成为具有魅力的沟通高手，必须让沟通目标快速吸收你传递的有价值信息。

· 先谈论整体后谈论局部。

很多人在讲话时容易“陶醉”在细节中不能自拔，从而忽略了整体。对沟通对象而言，你描述的细节容易掺杂主观上的认知偏好，并不具有客观性，只有整体才能准确反映事实的全貌，也更容易让对方理解你的意思，抓到你要表达的重点。

如果你是一个向家长推荐课外培训的教师，在介绍学校情况时，不要将重点放在学校的某位老师能力如何出众、某个学生取得了多好的成绩这些局部问题上。因为家长未必会让孩子选择那个老师，那个成绩好的学生也许靠的是个人努力，他们无法代表整个学校。你应当强调的是全体老师的教学能力和考上重点中学的学生比例，这样才能让家长对学校产生整体认识，下定决心是否让孩子参加培训。

·先谈论近期，再谈论未来。

有些人抓不住关键信息，是因为在谈话中缺少对“时间轴”掌控，聊着聊着就说到了对未来的美好憧憬，可这无法与当前的实际情况挂钩，对于现在来说是不着边际的事情，会带给人陌生感和距离感。如果你是某公司的客服人员，面对客户的咨询，必须要用近期的案例介绍你们公司，比如：“我们在去年荣获了×××质量认证第一名，在今年年初增添了先进设备。”这样能凸显信息的真实性。如果谈论的都是很久以前的事情或者对未来的憧憬，就会影响表达效果：“我们公司总经理在十年前申请了三项个人发明，我们公司代理的产品在五年前市场份额第一。”“我们打算在未来三到五年内做出一番大事业。”这样的表达只能让对方认为你们近几年毫无成绩，或者只想不做。

· 多谈共同点少谈差异性。

如今是一个讲究个性化的时代，人们喜欢标榜自我，让大家觉得自己与众不同。在营销学上，差异化营销也是一种经营策略，但这并不意味着差异性就是关键信息，有时候过多的关注、谈论差异性，反而会让对方产生排斥感：因为没有共同点做基础，自然会觉得双方没有持续沟通的必要。

如果你是一个商界掮客，想要促成甲方和乙方的合作，在向甲方介绍乙方的公司情况时，如果张口闭口都是“乙方的老板长年在海外工作”“乙方公司的企业文化和国内同类企业都不同”“乙方的产品开发在国内没有先例”之类的话，那么甲方几乎不可能用自己已有的经验去理解你表达的意思——乙方是一个什么样的公司，也就很难判断乙方公司的老板是什么样的人，值不值得合作。这就会降低甲方与之合作的兴趣。这样表达更合适：“乙方公司在国内比较独树一帜，但是和国外的一些企业风格接近，比如×××公司。”“乙方公司的老板海外经历很丰富，不过他曾经在国内的×××企业工作过几年，跟你们公司的×××很像。”运用类比的方式，就会弱化差异性，强调共同性，给予对方参照的标准，既很好地表达了乙方的具体情况，也让甲方对乙方有了一定的了解。

·多谈论常见情况，少谈意外。

有些人在和别人讨论问题时，总喜欢拿特殊案例作为反驳的依据，从而证明对方的观点是错误的。如果你反驳他时觉得个案是很有力的证据，可他却认为这种事很常见，双方也就无法继续沟通下去，那么你反驳的人对你的好感度也会大大下降。多数情况下，人和人的交流都要以普适性为原则，也就是谈论“大概率”而非“小概率”，喜欢拿特例说事的人，要么是故意胡搅蛮缠，要么是有意卖弄个人的经历，会成为沟通中的“泼冷水专业户”，很少有人会愿意与之交流，更不用说理解他话语中的意思了。

如果你要向一位打算投资的朋友介绍某个项目，那你就不要用该项目在某领域的意外成功作为佐证，这只能给对方一种赌博和撞大运的感觉。你应当从项目本身的创意、市场前景出发，让对方觉得前景乐观、企业运行稳定，这样才能说服对方。

沟通的目的在于高效地传递重点内容，这是一个需要主观加工的过程，也是一个容易局限于主观认识的环节。因此我们在筛选重点之前，应当进行换位思考，站在对方的视角、立场和经验上，判断自己要说的哪些是关键信息，哪些是次要信息，才能组建清晰的沟通思路，在说的时候才能成功地表达出重点，让别人理解你。

用最大卖点包装重点的秘诀

一个女儿对父亲抱怨自己的生活不顺利，想自暴自弃，她的父亲是一位厨师，听了之后没有说话，而是将女儿带到了厨房，先是往三个锅里倒入一些水，然后将它们放在火上烧。水烧开后，父亲往第一个锅里放了胡萝卜，在第二个锅里放了鸡蛋，在第三个锅里放入碾成粉末的咖啡豆，女儿好奇地在旁边看着。过了一会儿，父亲将胡萝卜捞出来放入碗里，将鸡蛋捞出来放入另一个碗里，最后将咖啡放在一个杯子里。随后，父亲问女儿看见了什么。女儿说："胡萝卜、鸡蛋、咖啡。"父亲摇了摇头说："这三样东西面临同样的逆境反应却不同，胡萝卜从硬变软，鸡蛋的内在从软变结实，而咖啡豆变成了水，那么你希望成为什么？”父亲通过这个故事为女儿讲述了做人的道理：面对逆境只有勇敢回击才能成功。

营销学有一个专有名词叫作卖点营销，是刺激消费者购买欲望的一种手段，它是指通过提高语言能力，充分展示商品的卖点的营销方式。一般来说，卖点分为两种，一种是凭借专业的语言和演示才能表现出来，还有一种是依靠消费者易于理解的方式凸显出来。卖点具有强烈的排他性，也就是两个同类商品不能具有相同的卖点，因为这就违背了卖点的核心概念：具有竞争优势。

“卖点”是事物的优秀特点，一方面是与生俱来的，另一方面是通过包装和策划人为加上去的。对于第一种卖点，基本上不需要投入过多精力，只要用适当的方式展示出来就可以了。而对于第二种卖点，我们需要花费心思展现给对方：将它融到沟通中，转变为沟通对象能够理解的形象，这样才能获得预期的沟通效果。

卖点是沟通的灵魂，也是决定说者核心竞争力的关键。在谈话之前，你要准确地找出卖点并将其转化为交流素材。不论是商业性质的沟通，还是社交性质的交流，任何人都希望参与一场充满兴趣的谈话，也希望能够从沟通中得到物质或者精神上的收益，这就取决于你是否展示出了卖点。

以汽车广告为例，奔驰将“最尊贵”当成卖点，让购买者将自己定位为尊贵者，以此来勾起他们的购买欲望；宝马则将“驾驶体验”视为卖点，让购买者产生体验驾驶的冲动；沃尔沃将“最安全”当成卖点，从生命安全的角度打动消费者。那么，我们如何在沟通中将表达的重点包装为卖点呢？这需要分四步来完成。

首先，要确认你的表达重点能够满足客户的需求。

美国有一个叫作施丽兹的啤酒品牌，在20世纪20年代和十几个品牌展开竞争，业绩并不突出，在市场竞争中位列第八。当时很多啤酒的宣传语都是“我们的啤酒最纯”，却没有对消费者解释什么是“纯”。后来，施丽兹啤酒聘请了一个市场营销顾问，到酿制厂实地考察，得知施丽兹是从百尺深的自流井中取水酿酒，还开发出了最好的酵母，口感非常不错。于是，营销顾问对施丽兹的管理层说：“你应当将这些独特的酿制方法告知给顾客。”然而施丽兹的管理层却认为没有必要将普遍的做法进行特意宣传，营销顾问说：“现在行业内还没有人这样表达过，而第一个说出故事的啤酒品牌才能打动消费者。”于是，施丽兹采纳了营销顾问的意见，在宣传中解释了“纯”的真正含义，将这个被同行忽视的重点转变为自己的卖点，仅用了半年时间就从排名第八位升到排名第一位。

其次，要准确地分析卖点。

客户是否会选择你，无非取决于两个原因，一个是你的表达是否充满感染力，另一个就是你的商品或者服务是否真的具有竞争力。只有做好这两项基本功，才能在沟通中巧妙包装卖点，为你建立信息传递优势。如果你觉得自己不擅长寻找卖点，那就在每次沟通前写下一段话，包装你想要表达的信息，然后对价值一般、意义不大的内容进行修改，养成精确表达的习惯。

如果你是一个农用机械的经销商，将自己产品的卖点定为“廉价”，那么面对客户时可以这样说：“我们卖同样的设备，价格便宜三分之一。”再比如，你是生产小家电的企业，“品质”是你们的卖点，你可以在和客户沟通时强调：“我们的小家电一年只生产1000台，其中500台发往欧洲，200台出口到日本，剩下的300台留在国内。”这样就从两个角度包装了卖点：第一，我们具备了出口能力；第二，我们的产品在国内存量极少。这样的表达方式，不仅能够精确表达你想说的重点，还能最大限度引起客户的合作兴趣。

再次，在沟通中继续强化卖点。

在沟通中找到了卖点是远远不够的，你还要想方设法强化它，这样才能突出产品优势，提高沟通对象对它的兴趣，勾起客户的购买欲望。比如你新开了一家健身馆，某个公司想为员工批量办理会员卡作为福利，当你向对方介绍你的卖点——“提供针对上班族的特定健身计划和场地”之后，还可以继续强化它：“除此之外，我们还可以为贵公司提供健身专属食谱，完全根据你们的工作节奏和工作性质制定，这样能够增强健身效果，让你们的员工对公司的黏着度更高。”这样高情商的表达，就会让客户坚定与你合作的决心。

最后，量力而为。

卖点是支撑一个产品或者服务的基础，也是决定沟通效果的关键，但我们绝对不能为了创造卖点而欺骗客户。在营销领域有一句话：“你不可能讨每一个人的欢心，你的产品或服务不能适用于每一个人。”成功的卖点是针对某一客户群体而产生的，在沟通前一定要确认沟通对象是否符合你的要求。

美国有一个叫罗夫的财务顾问，他是一个特立独行的人。当时华尔街的很多顾问都只愿意服务具有社会影响力的投资者，然而罗夫却走了另一条路线：服务中产阶级。为此，罗夫打出了响亮的口号：我是中产阶级的财务顾问，我知道客户赚钱不易，也知道你们的退休金有多重要，所以我愿意走和别人不同的道路，确保你们的利益得到保护。罗夫不仅敢于独树一帜，而且身体力行，为很多资产不够丰厚的客户进行专业化的服务，赢得了数以千计的中产投资者的信赖，他们纷纷将资金投向罗夫，最终帮助他建立了一个庞大的新闻信息帝国。

卖点营销是沟通话术的“进阶技能”，也是抓取客户、吸引听众注意力的关键。表达重点的核心是“无损传递”，而决定“无损”的因素有两个：一个是说话者是否能够准确地进行描述，另一个就是倾听者是否能全面理解。我们所说的包装卖点正是对信息描述的高度提炼，它能够提升沟通对象对重点的“消化速度”，促进沟通目标的统一，做到高情商沟通。

找到共同话题，才能实现高情商沟通

爱因斯坦是20世纪最有影响力的科学家之一，在他功成名就之后，只要出现在公众场合，就会有人走过来赞美他是多么伟大、对人类贡献多大，然而爱因斯坦已经听腻了这种空洞的褒扬之词，因此每次都是无动于衷，也不愿意和对方多说话。有一次，一位商人在聚会上巧遇爱因斯坦，商人开口说："尊敬的爱因斯坦先生，听说您的小提琴演奏得非常好，有机会去拜访您时，能否听您演奏一曲？"爱因斯坦听了以后十分高兴，真诚地邀请这位商人去家里做客。

商人之所以能够打动爱因斯坦，在于他避开了大家普遍所说的、爱因斯坦早就听腻了的言论，找到了对方感兴趣的话题——

小提琴，这是爱因斯坦一生痴迷的爱好，也是他感兴趣、熟悉的话题，商人抓住了谈话的重点并成功表达，爱因斯坦自然就愿意与之进行交流。

聊天是人和人增进感情的渠道，但这并不意味着“会聊天”等于沟通能力强，因为沟通的目的是让对方接受你传递的信息，并非只是会带动气氛、不冷场、让对方高兴。准确地讲，高情商的沟通是心理学和语言学的延伸。

心理学上有一个名词叫相似吸引，是指人与人因阅历、爱好、生活方式等方面有很多共同之处而相互吸引的心理效应。在与客户进行沟通时，如果你想要准确表达重点，就需要寻找合适的话题作为切入点，而这个话题必须是双方都熟悉的事物，才能成为沟通的基础，为此我们需要掌握五大技巧。

· 要将话题与对方了解的事情联系起来。

有些人在选择话题时会陷入误区：认为自己熟悉和喜欢的事情，别人也会了解。其实这是心理学上的“投射”现象：个体会产生自己身上存在的心理行为、特征等，在他人身上也同样存在的心理。即便是身边熟悉的同事、同学和朋友，也会因为工龄、专业、分工等因素存在着诸多不同，更别说是初次见面的客户了。如果只谈自己感兴趣和了解的事情，等于将对方当成了听众，无法让其真正参与到沟通中，更无法清晰地传递重点信息。要是和朋友这样说话还好，如果和客户进行交流还用这样的说话方式，那你们之间根本无法达成交易，还会流失很多的潜在客户。所以与客户交流时，要想找出共同话题，就要将话题与对方了解和感兴趣的事情联系起来。

如果你是一个金融顾问，想要向客户推荐投资项目，而对方并不了解金融行业的特点，这时你就要合理构建自己的沟通话术，树立你们之间的沟通基础。你可以从基金理财、股票经济和宏观调控谈起，最后落到和客户有关的实际生活方面，像炒股、购买保险、经济收入变化等，以此来增加对方参与项目的热情，这就是一个兴趣迁移的过程，否则对方就会感觉像在听财经新闻一样，枯燥无味。简而言之，要让客户觉得你谈论的话题和他的生活有密切联系，才能保持话题的热度和他的参与度，增加他购买产品的可能性。

· 要将话题保留“活口”，不能把天“聊死”。

常言道：见什么人说什么话，其实就是暗示我们要有引导话题和优化话题的能力，要让话题充满开放性，不要过早地下结论，不然对方有观点也无法表达，聊天就聊进了“死胡同”，也就自然听不进去你接下来想要表达的重点。比如，你和客户谈论出国教育时，一开场就说：“澳大利亚不适合中国人深造。”这就“堵死”了对方畅所欲言的通道，正确的表达方式应该是：“澳大利亚确实有很多高校，不知道你有什么看法。”只有采用这样的方式才能激发对方的沟通热情。在和客户沟通中，一定要让话题处于平衡状态，也就是双方都有表达观点的机会和话语权，才能达到沟通目的。一定不能为了蒙蔽客户，就吹嘘自己了解的内容，让客户处于“被牵着鼻子走”的状态，那样也不会促成合作。

· 切莫在谈论话题时随意转变内容。

有些人在交流前会打好草稿，但是进入正式沟通时，会因为一些意外因素改变之前的想法，引发自由联想，将注意力从原有话题转移到自己的看法上，这就偏离了沟通计划，让对方觉得这不是对话，而是你一个人的即兴演讲。比如，当你和客户就合作流程进行交涉时，谈着谈着突然说道：“一会儿会开完了，我去看看老板在不在，对于这个项目我有自己的新想法，你是否愿意听一下……”表面上看，你仍然和客户谈论合作项目，但话题已经上升到决策层面，和执行层面无关，甚至是关系到了你的职场前途，而这些内容并非是客户和你交流的中心。避免这种情况的方法是，严格遵循谈话大纲，不要超出既定的话题范围。

· 避免线性对话。

什么叫线性对话？就是顺着一个话题进行无意义延伸的沟通模式。比如你与客户第一次见面，却问了一些与合作无关的问题：对方年纪多大，籍贯是哪里，家庭状况怎么样等，这些话题既不礼貌也毫无意义，你得到的不过是对方的被动式回答。或者，当你和客户谈到合作项目时，你问客户是否看好这个项目，接着又问看好项目的原因，最后又问下个季度是否还会进行其他合作。这样的对话只能让客户感觉像在被你审问。线性对话就是一根筋地从一个话题持续深入，最终的结果无非是触及敏感信息，或者引起对方的厌倦，无法达到沟通目的。所以要想能够清晰明确地表达自己的重点，与客户达到高效沟通，就要避免线性对话，多采用非线性对话交流。

所谓非线性对话，就是采用跳跃性的思维和对方沟通，不断创造新话题或者用新的角度看老话题。比如你问客户："请问您有什么爱好？"客户回答："偶尔喜欢打高尔夫。"你说：

“看来您崇尚现代中产的生活，怪不得您要牵头做这个项目。”客户回答：“过奖啦，我就是对这个度假村很感兴趣，业余时间也做了不少功课。”这样的跳跃式沟通，就能将不同的话题有机地黏合在一起，构成了多条线性话题同时延伸的沟通模式，让交流对象保持着足够的热情，也能优化沟通氛围，实现高情商沟通。

·不要乱用流行用语。

有些人觉得挖掘共同话题很难，就乱抓一些网络上的流行段子作为谈资，这对于相互熟悉的好友来说无所谓，但是对客户来说就显得不合时宜，因为这会让对方觉得你为人比较肤浅，不会根据场合说话，甚至会认为你很少看书，缺乏丰富的知识储备和独立的思考能力。更糟糕的情况是，客户本身就对流行段子不感兴趣，乱用流行语可能会引起对方的反感。所以，面对客户时还要遵循“在商言商”的原则，即便想要进行话题延伸，也要从当前的业务谈起，做到顺其自然。

寻找共同话题并非只局限在一个话题，而是要保持着共同的关注热点，让你的沟通思维充分活跃起来，让对方不会感觉你要表达的内容是生硬无趣的。即便沟通的场合比较严肃，我们也尽量避免机械式的一问一答，要学会在交流中抽取关键词，给予对方参与讨论的空间，只有让客户的思路始终处于开放状态，才更愿意接我们的观点。

学会接话题，让沟通顺利进行

20世纪50年代，一位美国记者访华，在周恩来总理的办公室里看到一支派克钢笔，就有些讽刺地问："总理阁下也迷信我国的钢笔吗？"周恩来一听便风趣地回答："这是一位朝鲜朋友送给我的。这位朋友对我说：'这是美军在板门店投降签字仪式上用过的，你留下做纪念吧！'我觉得这支钢笔的来历很有意义，就留下了贵国的这支钢笔。"美国记者顿时羞红了脸。周恩来总理明为讨论话题，实为转移话题，让对方不得不回想起朝鲜战争留给美国的阴影，巧妙地回击了对方的讽刺。

在正式沟通中，尤其是和客户交谈的时候，我们会遇到和对方谈判的情境，出于捍卫自身权益或者名誉的需要，我们会和对方发生争论，让交流陷入僵局。由于双方对目标的预期存在落差，就会将这种对立的情绪升级为对抗状态。其实，很多僵局都是由一些细节问题引发的，比如双方都比较好面子，沟通时有一方措辞不当等。这时，如果我们继续坚持原有的立场和态度，会加剧冲突，不利于谈判持续下去。我们应当缓和局面，打破僵局，促成沟通的顺利进行，这就需要一项核心技巧——巧妙地转接话题，主要有7种常见的用法。

· 灵活转移。

当双方利益发生冲突时，对方一定会站在自身的立场上，捍卫自己的权益，从而将矛头指向你，这时沟通中或多或少都带有火药味，如果不能改变这种负面的交流气氛，可能会彻底谈崩。之后想要再弥补势必困难重重，不妨在关键时刻转移话题，缓和气氛之后再进一步商谈。

如果你代表公司参加了一次谈判，和对方就一个问题争论不休，对方放出“狠话”：希望你能尽快答应他们提出的要求，否则一切免谈。这是一种常见的警告式对话，你不妨这样回答对方：“这个问题我已经强调很多次了，从我们公司的实际出发暂时无法满足你们的要求，希望你们能退让一步。”你的恳求如果不能让对方退让，他反而表示要一走了之，这时你再顺着话题进行深入探讨就毫无意义，不如灵活地转移话题："您看咱们都谈了一下午了，现在到了晚饭时间，我们先去吃饭，吃完了再谈。"对方同意之后，你就不要再继续和他谈与争议有关的内容，可以聊一些家长里短，缓和双方刚才的对立情绪，这样一顿饭过后，对方即便心里不会退让，至少也愿意听你解释，这就为你争取了转机。

·先发制人。

在沟通中先提出问题的人往往占据主动权，所以当我们陷入谈判僵局时，我们就要在对方完全摊牌之前换个话题，然后不断地征求对方的意见，让对方回答我们提出的问题并探讨解决方案，从而让对方无暇反驳，这就能在一定程度上弱化冲突。比如，谈判说到你们合作双方的出资比例时，对方话里话外都表现出对你们提议的不满，但还没有直接说出来，这种情况下你不妨先发制人："关于出资比例这一块，由于我们双方经营状况和项目完成后的收益不同，比例自然不会一样，您认为怎样划分才合理呢？"这样一来，你就把付出和回报的不对称性言明，表达自己想说的重点，让对方无法回避这一现实，在他整理思路和组织语言的时候，你就有时间研究接下来的沟通方向。

· 把握主题。

有些人在谈到涉及自身利益或者自己感兴趣的话题时，往往说话时会刹不住车，造成“跑题”现象。如果你耐着性子听下去会浪费时间，甚至会影响你表达重点。这时，你不妨采取“合理插话”的办法，把握住谈话的主题。比如在与客户谈判中，对方谈着谈着就说到了他们的企业文化，最后顺着这个话题聊到了员工活动上，甚至详细谈到了最近的一次拓展训练……面对这种不着边际的跑题，你不妨趁机插话：“听您这么一说，我也想组织我们的人去玩一玩，不过要等我们手头的工作完事之后……”这样的表达就向对方暗示了谈判的主题是“工作”，就能将其拉回到沟通正题中，你就达到了自己的目的。

· 引开话题。

当对方提出我们不想回答的问题时，我们可以运用高情商的话术来引导对方谈其他事情。简单来说，就是从一个老问题中派生出一个新问题。比如对方想借用你们的社会关系谈一笔生意，你却担心被牵连不愿意做中间人，就可以这样回答：“你刚才说想认识一下×××对吧？你知道他是因为什么在圈子里这么有名气吗？”这时，对方自然会询问原因，你就可以趁机转移话题：“他当初是在×××的手下做事，你应该听说过这个人吧？”对方可能还会追问，这时你就要将话题扯得更远：“当时他们和省内最大的贸易公司做生意，后来……”用这种表达不露声色的方式将话题引开，即便对方反应过来，也会明白你这么做的意思，自然不会再强求你。

·带出情境。

如果你在沟通中消耗了很大精力，难以回答对方的问题，这时不妨采用最直接的办法将对方带出你们谈话的情境。例如，对方正在向你索要专利证书，你一时间拿不出来，不如直接看向窗外：“你看，天要下雨了，我先下去看看带没带伞。”或者无中生有地说：“请您先等一下，刚才好像是王助理叫了我一声，我出去看看。”总而言之，就是将你和对方从谈话的氛围中带出，将注意力集中在某些外部因素上，就能解决自己当前的尴尬处境。

·模糊表述。

“难得糊涂”一直是很多人追求的人生境界，在沟通中我们也需要掌握这样的话术技巧，尤其是当对方谈到我们不愿意正面谈论的话题时，比如，公司的经济效益、客户群体或者个人隐私等等。碍于情面，我们不可能甩出一句“无可奉告”，不如模糊地回答对方，规避我们不想谈论的话题，可以假装糊涂：“哦，这事儿啊，我这人糊涂，也描述不清，您容我想想该怎么和您表达清楚……”一般说到这里对方就会明白你在拖延时间，就会自觉地绕开这个话题。如果对方没有领会你的意图或者还是想坚持谈论这个话题，你还可以再加上一句：“这事我倒是挺想说的，可是咱们今天时间有限，要不改天我单独约你谈吧。”这样就会让对方放弃继续谈话的想法。

· 举例转移。

这种方法适用于气氛未达到高度紧张的情境，它的巧妙之处在于，让你运用自己或者身边人发生的事情作为转接话题的“拐点”，从而表达你的重点，让别人放弃自己的要求。比如，对方想向你推销一款产品：“您好，我们公司代理的复合功能的打印机非常适合贵公司，咱们也是老熟人了，照顾一下我们的生意好吗？”你可以这样回答：“你还别说，现在生意真是难做，就拿上个月来说，我们产品的销量也有所下降，我这还发愁呢……”借用“做生意”为转接点，举例说明自己最近遇到的烦心事，巧妙地拒绝对方的推销，这样既不显得突兀生硬，又能达到拒绝对方的目的。

转接话题是从原有话题跳入新话题的一种过渡技巧，也可以看成是暗中否定原有话题并开辟新话题的技能，它并非是胡乱打岔或者装傻充愣，而是一种主动的、积极的语言表达策略。当我们具备了转接话题的娴熟技巧之后，就能营造良好的沟通氛围，让交流顺利进行，拉近双方的距离，与之建立良好的人际关系。转接话题的核心在于巧妙和自然，不能带有做作的痕迹，至少要让对方觉得你仍然在“有诚意”地和他沟通，而不是敷衍了事。

第三章
『稳、准、狠』地说服上级

很多人都害怕与自己的上级沟通，尤其是和上级发生冲突时根本不知道怎么办，能躲就躲，其实，这种认知是错误的。我们要建立自信，不要害怕和上级沟通，“稳、准、狠”地说服上级，是高情商的人通常运用的沟通技能。

消除误会的三种方法

明朝的解缙才高八斗，能言善辩，一天，他陪着朱元璋在金水河钓鱼，然而一上午都一无所获，朱元璋十分郁闷，让解缙写诗记录。解缙生怕惹怒了皇帝，认真想了一会儿说道："数尺丝纶落水中，金钩抛去永无踪；凡鱼不敢朝天子，万岁君主只钓龙。"朱元璋一听心花怒放，解缙也因此获得奖赏。由此可见，掌握高情商沟通技巧的人，能把让人压抑的事解释成欢欣鼓舞的事，从而赢得良好的人际关系。

在工作中，身为下属难免因为一些原因被领导误解，无论原因何在，都会直接影响到你在领导心中的位置，关系到你的职业前途，所以你要学会简练清晰地表达重点——“这并非是我的错误而是误解。”要想做到这一点具体有三种方法。

· 对比法。

如果我们被误解，可以运用对比的方法重建领导对你的信任感。对比法包含着两个部分：否定部分和肯定部分。否定部分是打消对方认为自己“意图不轨”的误解，而肯定部分则是表达自己对领导的尊重。否定部分是非常重要的，它能够消除你和领导沟通中的不安全感，如果不完成这个部分就很难让交流回归正常状态。换句话说，只有消除误解才能进行高效沟通。

例如，当你和公司总经理吃饭的时候，忽然想到了一个绝佳的活动创意，于是就跟总经理讲了自己的想法，总经理也采纳了你的建议，马上派人着手操作这个项目。然而没过多久，你的部门主管得知这个消息，认为你越级沟通，立刻询问你这是怎么回事。你可以运用高情商的话术解释这个误会：“领导，我不是故意的，我肯定不希望您觉得我故意越级，正准备跟您沟通这件事。其实我这么做也是想为您和咱们部门争取到更多的权益，没有其他想法。”在这段话包含着否定部分（我不是故意越级）和肯定部分（我这么做是为您和咱们部门争取更多的权益），既能消解上司认为你越级的误解，又能表达你对他的尊重。

有些人认为解释错误的话越多越好，这样才能将问题说透，然而事实恰好相反：话越多越无法突出重点，也会让对方认为你心虚，只有采用精确的对比方法才能消除误会。

· 转移法。

当领导认为我们的某些言行是对他们的不敬时，我们可以将问题的焦点进行合理的转移，从而将我们从被动的状态中解放出来。转移法不仅是一种话术，更是一种思维方式，它能帮助我们将表达内容进行转换，从而剔除对我们不利的信息，解释误会，表达重点。

如果你和领导产生了一些误会，他对你的态度和对其他人明显不同，这时你会感到苦恼，其实消除误会的办法很简单——转移目标。

例如，在一次业务部门的工作会议上，你的部门主管临时有事离开了，会议正常进行，很多问题也谈妥了，这时你想表现自己就提出了一些个人观点，以会议纪要的形式反映给了总经理。结果，主管知道以后立即找到你，质问你为何趁他不在的时候，随便向业务部门做出承诺，这时你可以这样解释把责任转移目标：“您看，我只是将部门的实际情况说了一下，这也是总经理想要了解的情况，如果回答得不好，责任也在我自己身上。”这段话中有两个重点：“总经理想要了解情况我不得不说”和“即便说错了责任也在我”，这就将陈述压力从你的上司身上转移到了你的身上，等于你替上司完成了一项工作任务，就能让他对你有所改观。

· 坦诚法。

有时候精明的话术比不上坦诚的一句道歉，因为你的领导都是“久经沙场”的话术高手，如果言语不当反而会将问题激化，莫不如采用直截了当的方式和对方沟通。

比如，在一次和客户的见面会上，你的主管有事离开，客户单独向你询问有关报价的问题，你就大致给出了一个价格范围。然而主管很快得知此事，生气地找到了你，指责你未经批准就擅自和客户谈价钱，这时候你可以这样回答：“领导，我知道报价的事情不在我的职权范围内，我也承认自己的回答不够谨慎，我只是担心客户认为我参与项目还对报价一无所知，会觉得我们公司不够专业。”这样的回答并没有多精明的话术成分，但是十分明确地表达了重点——“我担心客户认为我们不够专业”。这样一来，领导会理解你在为公司着想，虽然言辞欠妥，但还算是比较敬业，也就能原谅你了。

很多时候，领导找你沟通，未必真的是要质问你，而是想通过交流了解你的真实想法，并判断你是否可以托付重任，所以你需要表现得很坦诚，这样才能保证你的职业发展前景。另外，在领导事先通知要和你谈话时，一定要做好充分的准备，将近期你参与的项目和发生的琐事都在脑子里过一遍，分清主次，这样在沟通时可以避免处于被动状态。当然，如果责任真的不在你，千万不要替别人背黑锅，一定要将问题说清。

主动解释误会需要注意场合，不能当面反驳，也不能在其他领导或者同事面前进行解释，必须单独沟通，这样领导才不会忌惮某些客观因素，能平心静气地和你沟通，也会对你产生良好的印象。而且，当你被误会时，千万不要在暗地里发牢骚，一旦传到领导那里会加深对你的成见。在沟通时，不要表现出自己是一个遭到伤害的弱者，要展示出你坦然面对流言蜚语的气度，这样才能解除误解，提高你在领导心目中的地位。

一般来说，领导对下属的误会，既有主观因素也有客观因素，领导处于一个中枢性的岗位，每天处理的信息量大且庞杂，了解你的渠道很多也很杂，往往会产生一些片面的认识，特别是隔着几级的高层领导更会如此。所以当你被误会时，一定要及时、主动地和对方进行高情商沟通，切莫让领导一直误解你。

拒绝命令有四招

第二次世界大战爆发前，罗斯福曾经担任美军的海军部部长，他计划在太平洋的一个岛屿上修建一所秘密的海军基地。很快，罗斯福的一个老朋友听说了这件事，好奇地打听：“朋友，您打算在哪修这个基地，能告诉我吗？”罗斯福看了看他，压低声音说：“您能保密吗？”对方连连点头，然而罗斯福却笑着说：“那么，我也能。”罗斯福用如此高情商的话术巧妙地拒绝了朋友，既不伤害对方的面子，也能坚守自己的原则。

在职场上经常会遇到这种情况：领导让你做一件事，你出于本能马上答应下来，结果干着干着却发现这项工作超出你的能力范围，无法完成，这就是不懂得拒绝给自己带来的麻烦。即便你想给领导留下好印象，也不能无原则地接受一切命令和安排，要学会合理地拒绝。

曾国藩说过："事缓则圆。"拒绝领导必须运用缓兵之计，既不会得罪领导，又能体现自己较高的沟通能力。在拒绝领导时态度要诚恳，陈述理由的时候要以大局为重，让领导明白你拒绝他也是出于工作方面的认真考量。谈话中要避免使用"我不愿意""我能力不足""我不能""我不知道"等字眼，这样会让领导很难堪，也显得你缺乏礼貌和变通性。正确的方法是，在拒绝领导的同时尽可能地给出建设性意见，而不是置身事外，比较常见的有四种方法：

·暗示法。

当上司命令我们去做某件事时，如果我们不想做或者不能做，不能直接回绝领导，而是要通过暗示表明自己因为客观原因难以完成。比如你可以这样暗示领导："领导，我现在有四个大项目和六个小项目要跟进，您给我安排的这个任务也很重要，您看我应该先完成哪个项目呢？"只要不是糊涂到家的领导，都能从这段话中体会到你的难处，自然会将原本要给你的任务交给其他人处理。

暗示法可以通过一些客观条件去暗示对方你无法胜任新任务，让领导无法继续给你施压。比如，上级想让你临时约见客户，你又实在腾不出时间，不妨这样说："领导，不好意思，我看了一下日程表，今天下午还有一个重要方案需要提交给客户，到时候客户会实时提出反馈意见。"这段话术就是用工作日程让对方重新考虑是否给你布置这项任务。

·表白法。

当你不满意领导给你的工作调动时，可以这样拒绝领导："感谢您对我的器重，不过我可能要考虑几天，因为我认为自己目前还不能胜任这份工作，如果盲目接下工作可能会影响整个团队的正常运行。我现在正全力做营销，想在这方面为公司出力。"这种真情式的表白不仅让你清晰地表达了重点，也能获得领导的理解，他还会认为你是一个注重团队利益的人。

表白法的核心技巧是用积极的理由来解释拒绝任务的原因，让对方找不到理由怪罪你，也能让你的"借口"显得更加正当。如果老板要求你立刻去参加总公司的一次会议，而你手头上有一项产品开发的任务还没有完成，可以用这样高情商的话术拒绝他："领导，我现在的开发进度已经收尾了，如果去参加这个会就会推迟整个市场部的月度计划。”这样不仅让领导明白了你的难处，同时也体现出你“以团队利益为重”的大局观念。

·举例法。

职场上难免会遇到一些紧急状况，比如客户突然要求一个项目方案明天提交，这时候领导必定会让你加班，可是你又觉得这是无法完成的任务，你可以通过举例说明你的实际困难：“领导，这项工作内容繁重，一个晚上很难完成，就像我们上次接的那个项目方案，用了三天才完成，而客户还觉得我们不够用心。这次要是用一个晚上的时间去赶工，质量必定下降，客户会质疑我们的专业性。”采用这种表达方式，会让领导明白你的难处，也能用实际案例打动对方，领导就会安排其他人协助你完成任务或者跟客户沟通请求延期交方案。

·先发制人法。

有时候拒绝领导未必要在对方提出要求之后，可以在提出要求之前就拒绝他，这就是先发制人的策略，可以让你避免陷入无法拒绝的窘境。比如，你正在忙着处理客户发过来的修改意见，顶头上司过来询问你正在做什么，凭借职场经验你就会意识到上司要给你临时安排任务，你可以率先“堵住”对方的嘴：“领导，我现在正和客户沟通修改意见，下午就得将修正文件发给他们。”这就暗示出你从上午到下午一直处于忙碌状态，没有时间做其他事情，你的上司也就打消了给你安排临时工作的念头。

工作时最忌讳的就是充满消极的情绪，而勉强答应你不该做或者不能完成的工作，势必会让你产生负面情绪，影响你的工作效率，所以合理的拒绝是必要的。这不仅是为了维护你的个人利益，也是从公司的长远利益出发。要想拒绝命令，就要及时地运用高情商话术表达自己的重点，说服领导。

化解矛盾的基本原则

《三国演义》中的杨修，才智过人，却恃才傲物，在曹操手下办事却不将曹公放在眼里，经常口出狂言、胆大妄为，最终被曹操找借口杀掉。俗话说伴君如伴虎，职场上跟领导共事也是如此，一语不慎或者一行不端，就可能引起领导的反感。总之，和上级共事难免会发生矛盾，这是一种常态，关键在于我们如何解决它。有的人不善于处理这类问题，总是幻想着矛盾会随着时间消除，不去化解也可以，但这种认识是不可取的，因为未解决的矛盾只会随着时间的推移变得越来越严重。

所以，当你和上级产生矛盾时，要学会用表达自己话语的核心，化解彼此之间的矛盾，这就需要遵循以下几个基本原则：

·控制情绪。

高情商的人在和别人沟通时，都能很好地掌控自己的情绪。即使和人发生矛盾，也能够用高明的话术技巧解决。如果你与领导产生矛盾了，首先要冷静思考，找出矛盾的根源所在，坚决不能只顾自己发泄心中的不满，要想出化解矛盾的方法，否则，只能让事态恶化。假设领导和你在讨论一个客户活动方案时产生了矛盾：领导认为你是有意给公司找麻烦，这时你要学会控制自己的情绪，暂时忍耐，平心静气地承认自己的工作失误，然后和领导进行解释："您看我来公司这么久了，和同事和上级都有了感情，不可能会眼看着公司流失客户，这的确是我的工作失误，我会尽力挽回的。"在这类矛盾中，领导往往是主观放大了你的错误，但是他的出发点也是为公司的利益考虑，所以你要适当忍耐然后做出解释，给出解决办法，让领导知道你是一个能够控制自己情绪、愿意为失误负责的人。

·有理讲理。

面对领导我们不能一味地委曲求全，如果错误并不在我们自己，我们就要采取措施维护自己的声誉和权益，这并非是无理取闹。比如，公司的一个项目因为其他员工的失误造成了损失，上级却认为你应该负主要责任，这时你就不能一味忍耐，否则，会继续遭受不公平的待遇。你应当对领导说：“领导，这件事希望您能够调查清楚，并且根据我们项目组的分工来判定是谁的失误。我这边也会提供给您必要的人证和物证，是我的失误我不会推脱，不是我的失误我也不会接受这样的结果的。”这样你就明确地表述了自己的重点，你会提供“人证”和“物证”，让上级知道你不是盲目地反驳他，而是根据事实说话，他就不得不重视你表达的内容，重新调查这件事。

· 自我批评。

如果矛盾很大程度上是因你而起，那么这时就需要你立刻进行自我批评，勇于承认错误，切莫使用诡辩术推脱责任。因为原则性的问题是不容狡辩的，上级的智慧也不在你之下，正所谓良好的态度胜过千言万语，主动、诚恳地承认错误才容易化解矛盾。当然，自我批评也需要讲究一定技巧，这样表达，上司就能感到你的诚心：“对于我的错误我进行了深刻的反省，希望您看在我为公司工作多年的分上原谅我这一次，我日后必定尽全力好好工作回报公司，不再犯同样的错误。”这样说既简洁高效地表达了你的重点，又展示了你的悔过和诚意，上级也会原谅你，你也就保住了自己的工作。

·背后褒扬。

即便我们被领导误解，也不能在背后讲他的坏话，还应该多说他的好处，通过别人之口替自己表达诚意和忠心。当领导知道你在背地里褒扬他，必定会改变对你的看法，有利于消除误会。

古语有云：“人之恶在于好为人师。”有些矛盾的产生，是因为下属不懂得尊重上级，在自己获得了一点成就之后就居功自傲，引起上级的不满和猜疑。在职场中，身为下属应当将一些荣誉留给上级，这样才能避免冲突的产生。

和上级沟通时，要尽量弱化自己的个性，不要过分张扬，这样才能形成上下级之间的良性互动，实现高情商沟通。

表达重点需要把握尺度

国画大师张大千有一次去某个军阀家中做客，他听说军阀养了一只名犬，就想观赏一下，于是兴奋地对军阀说：“我早就想到您家来拜望了！”军阀以为张大千是佩服自己，就十分高兴地说：“不客气。”然而张大千却口无遮拦地说：“我是为了来看你这只狗的，不是来看你的！”事后张大千十分后悔自己口无遮拦，还好当天军阀心情不错，否则他将因为一句话丢掉性命。

所以，无论是做人还是说话，都要注意尺度，即便是恭维的话也要过过脑子再开口，否则好话也会起到反作用，对方可能会认为你在挖苦他。尤其是当自己没有意识到说错话时，更会给人际关系的发展埋下隐患。职场上也是如此，无论你是否喜欢和上级沟通，都避免不了在日常工作中打交道。事实上，一味地埋头苦干，不和上级沟通，对自己的职业发展也会有不利影响。但是，如果为了讨好领导没话找话，也会适得其反。归根结底，保持上下级良好关系的核心是把握尺度。

· 恭维要适度。

说好话可以让领导开心，这是人尽皆知的道理，但在实际沟通中，有的人能让领导满意，有的人想讨好领导却有反效果，这就是没有掌握好说话尺度造成的。作为下属，只有了解领导的心理状态，才能找到恭维的正确方式。比如，领导有哪些爱好，有哪些不同的经历，是否育有子女，等等。每个人都渴望被认同，领导也是如此，但这种认同要与他们的实际情况密切相关。例如，领导喜欢打网球，你可以找机会和他切磋技艺，如果实在不会打球，也可以同他谈论一些网球赛事，以此作为恭维的依据："我对网球也是刚入门，不过听您这么一讲，兴趣大增，还学到了不少小技巧。"这种适度的恭维既能表达你话语中的核心，又能拉近你和上级之间的距离。

有些人性格耿直，不愿意恭维自己不喜欢的上司，其实抛开个人前途不谈，一个人能够成为你的上级，势必在某个领域有过人之处，从学习对方长处的角度你也应该和对方保持良好关系，不能站在个人狭隘的视角上去评判。

· 尊重要适度。

恭维是一种沟通方式，尊重是一种态度，和领导的交流是否顺利，有时候会受到你的态度的影响。有的人会对上级进行盲目崇拜，结果在沟通中处处将对方摆在神一样的位置，完全认同上级，这会让领导觉得你毫无主见，对你的个人发展同样会产生不利影响。实际上，领导并不是想要聘用一批没有脑子的教徒，他们也需要听到理性的声音，所以对领导的尊重也要掌握尺度。比如，在你的上级进行了一次出色的演讲之后，你可以客观地写一篇听后感，和上级说：“您的演讲让我受益颇深，在内部群里我已经发了我的听后感，其中有一些个人的建议，望您指正。”领导听了自然会明白你的意思，也会认为你有思想有主见，而非一个唯唯诺诺的庸碌之徒，也愿意和你多交流。

和上级交流，表明自己的立场很重要。现在职场人际关系复杂，大的公司还会有派系之争，所以上级和下属沟通时，也会注意观察对方是否和自己一条心。作为下属，理应和上级站在同一条战线，但也不能过早或者过明显地站队，因为一旦风向有变，就会影响自己未来的出路，所以对上司的尊重要把握尺度。

· 拉近感情要适度。

比如，上级有子女临时需要人接送上下学，这时候你应当以分忧解难的态度和领导说话："听说您女儿这几天放学没人接，我回家正好顺路，不如让我来帮您接送吧。"这样就显得合情合理，没有过分谄媚的味道。如果没有和上级保持距离，话语中透露出和上级关系很近的感觉，也会让上级觉得不舒服："听说您女儿需要接送，这事就让我来吧，您的女儿不就是我的女儿吗？咱都是一家人别客气。"这套说辞如果放在熟识的朋友之间也没什么问题，但面对领导可能会让对方心生厌恶，即便嘴上不说，以后也会和你保持距离。

其实，我们也可以通过一些小事和上司拉近感情。在工作场所以外的地方遇到上级，有机会和他多聊就多聊一会儿。此外，积极参加公司举办的文娱活动，也是和上司交流的好机会。这种一点一滴的积累也能增进你和领导之间的感情，办公环境之外的接触也会让上级更全面地了解你。绝对不能做在工作场合之外的地方见了上级就绕道走的人。

· 交心要适度。

有些人喜欢在饭桌上趁着酒劲和上级交心，从推杯换盏升级到推心置腹，这种思路是正确的，但同样要掌握尺度，因为交流和交心是两个概念。上级都希望下属对自己忠诚，不过如何表现自己的忠心是一门技巧，一味地谄媚和默默付出都是无用的，只有掌握尺度的交心才能让上级对你有好印象。最恰当的交心话题，应当是你平时工作遇到的困难或者是上级存在的一些小缺点。多谈这些内容才能让上级对你消除戒备心理，但是谈论更深层次的话题就不合适了，比如上司的一些私人事情等，不利于你们关系的拉近。

总之，和上级沟通是心理博弈的过程，说话一定要掌握尺度，知道什么该说，什么不该说，什么时候能说，什么时候不能说。只有做到这些才能明确表达自己的核心意思，让上司理解你，知道你想要做什么，了解你的诚意。

自信能提高沟通能力

李开复刚在微软公司入职时，由于缺乏自信，一见到比尔·盖茨就不敢开口，生怕说错话。一次，微软开会讨论公司改组的事情，比尔·盖茨要求每个人轮流发言。快要轮到李开复时，他想：既然一定要讲，那不如把心里话都讲出来。经过一番酝酿，李开复终于鼓足勇气说道："我们公司员工的智商比谁都高，但是我们的效率比谁都差，因为我们整天改组，而不顾及员工的感受和想法。别的公司，员工的智商是相加的关系。但当我们整天陷在改组'斗争'里的时候，我们员工的智商其实是相减的关系……"李开复说完，会议室里鸦雀无声。会议结束后，不少同事给李开复发电子邮件说："你说得真好，真希望我也有你的胆量这么说。”结果，比尔·盖茨接受了李开复的建议，还在开会时引用了他的发言。从此，李开复不再害怕发言，他的能力也得到了更多人的肯定，逐渐建立起了很强的自信心。

相信有不少人有过这样的职场经历：在汇报工作时，原本准备得十分充分，然而在发言时却由于紧张无法正常表达自己的核心意思，丧失了表现自我的机会；公司召开讨论会时，只愿意拿着本子坐在角落里，祈祷着领导不要让自己发言；在公司组织的聚会上，本来想讲个段子活跃一下气氛，酝酿了半天也没有讲出来……上述这些情况都是缺乏自信造成的，如果不改变，你永远也成不了沟通高手，也会影响你的发展。

职场上我们缺乏自信，主要表现在与上级交流时，由于有心理负担导致思路混乱，别说是表达重点，就是简单的几句话也无法说出口。更糟糕的是，由于紧张一句话没说好，会让上级对你产生误会。因此在向上级表达重点之前，我们必须掌控好自己的心态，充满自信，才能有机会传递出我们要表达的关键信息。一般来说，面对上级感到紧张主要是因为以下三种对话情境。

· 当上级提出需要肯定的问题时。

有的人不想让上级对自己提问，怕回答不好会给自己带来麻烦。这种想法是错误的，当上级问出一个问题时，他心里已经有了答案，询问你是想确定你和他的看法、立场是否一致，这时你只要掌握好正确的表达方式就可以了。如果当上级问你："你觉得我们的竞争对手如何？"你可以说："他们的硬件基础比我们强，但是我们的软件能力比他们强，而且我们的工作效率是他们的两倍。"这样的表达就将重点落在了"软件能力强"和"工作效率高"上，这当然要归功于管理层的努力，等于不显山不露水地恭维了上级。

实际上，上级提出问题时，通常是对某个问题心怀疑虑的表现，但这并不意味着他缺乏解决方案，他只是需要找个人来肯定他自己的想法。在上述我们所举的例子中，上级应该是对竞争对手的存在感到了危机，他需要手下人为他坚定信念，所以你不必紧张，只要注意措辞，顺着他的思路说下去就没有问题。这样一来，你和上级的革命友谊也成功建立起来。在和上级的沟通过程中，只要他提出的问题是符合公司基本利益的，你就要从正面积极的角度去分析，这样才能帮助上级制定正确的策略，也有利于你的个人前途发展。

· 当上级提出需要否定的问题时。

这种情境比上一种情境更令人紧张，因为否定领导本身就是一种冒险行为，有些人在遇到这种状况时会选择回避，这种应对策略不能说完全错误，但至少是消极的。因为当上级提出需要你否定的问题时，恰好证明了他看重你的意见。当然，在回答这种问题时需要格外小心，如果错误地表达会给领导留下坏印象。

以公司中的人事变动为例，你和另外一个同事同一时期进入公司，同事的能力不比你差，但是不太能吃苦，试用期之后同事认为自己不能适应公司的工作节奏，于是向上级提出辞职，然而公司的人才储备不足，项目也很多，同意他辞职会增加新的招聘成本、影响任务进度。这时候上级既生气又想挽留对方，于是找到了你问：“你和×××是一起进入公司的，他能力不低但是受不得半点委屈，你认为他去别的公司工作真能适应得了吗？”通过解读上级的话可以发现，上级并不想在这个时期让同事辞职，但也不确定能不能留住对方，所以他的表达重点是最后一句话：“他去别的公司工作真能适应得了吗？”换句话说，上级希望你给出否定的回答：×××适应不了别的公司，最好是好言相劝把他留下来。对此，你可以这样回答：“×××平时工作还是挺认真的，可能是最近家里有事或者是状态不好，所以才提出了辞职，我觉得如果好好劝说他，他还是愿意留下来的。”这样的表达既不得罪同事，也说出了上级想要听的重点，还能让上级对你产生“不嫉贤妒能”的良好印象。不过，话说到这里并没有讲完，上级向你询问的是一个有关人才流动的问题，你应该趁机表示自己的忠心：“看得出您是真心为×××好，我也知道这段时间工作很多，但是我已经适应了这种工作节奏，相信在我和其他人的努力下，我们一定能够顺利完成项目。”这样一来，你既表达了“你会留在公司好好工作”的重点，也赢得上级对你的好感，日后的职场生涯会更顺利。

·当上级提出无法判断对错的问题时。

和前两种对话情境相比，第三种情境不仅让人紧张，还会让人抓狂，这种情况就是上级自己心里也没有正确答案，想听听你的建议。面对这种情况，你要明确一点：上级自己都无法解决的问题，即便你回答不出也不会证明你能力不足，但如果你为对方解决了难题，那你在上级心目中的地位就提高了。当然，明明不懂还要装懂是不行的。

举个例子，一个大客户想与你们公司建立合作关系，但是对方的平台还处于起步阶段，很难判定合作前景，这时上级询问你该不该签订框架协议。你凭借对这位客户的了解得知对方好大喜功、做事浮夸，不妨这么回答领导：“我只是一个普通职员，没法站在战略的高度帮您分析，那就从执行层面讲讲我的看法，现在省内做这个项目的企业很多，有些已经建立了完备的供应链，我们公司在业内也是小有名气，我觉得还是寻找更成熟的合作伙伴，这样我们后期的工作会轻松不少。”这么说会表明你愿意帮助上级排忧解难，也能够找准你在公司的位置，会让上级觉得你对企业有足够的忠诚度，以后有重要事情也许还会找到你。如果你不想冒险回答，也可以直截了当地说：“这个问题我也想过，不过眼界有限看不透，现在您提出来，我想听听您的看法，让我长长见识。”这样的回答也许不是上级想要的，但是也证明了你诚恳的态度，对公司来说依然是一个“可用之人”。如果上级讲出了自己的看法，你又能适当地表达自己的感悟，那么上级会认为你是一个学习性强、悟性高的员工，日后也会多给你表现的机会。

职场就是一个大江湖，有些问题来自同事，有些问题来自上级。有些表达能够让你平步青云，有些表达却暗藏杀机，但是不必为此紧张和害怕，只要稳住心态，保持自信，认真分析对方的性格和心理，就能找出正确的应对策略，在和上级的交流中“见招拆招”，实现高情商沟通，也就能够和领导建立良好的人际关系。

第四章 实现与同事无障碍沟通的秘诀

与同事沟通过程中经常会遇到这样的问题：同事不明白自己的意思，同事很强势，无法说服同事……要想解决这些问题，其实并不难，高情商的人在沟通中都会说重点，化解与同事之间存在的隔阂，实现无障碍沟通。

处于相同认知维度，有利于信息交互

一位表演大师上场前，学生告诉他鞋带松了。大师点头致谢并将鞋带系好，然而在学生走后，大师又将鞋带松开。有人目睹了这一切就问大师是怎么回事。大师说，他扮演的是一位劳累的旅者，经过长途跋涉一定非常劳累，所以设计了鞋带松开这个细节。那个人又追问：“那您为什么不告诉您的学生呢？”大师说，学生能细心地发现他的鞋带松了，这是一种对艺术的热爱和对工作的热情，必须给予鼓励，将来有机会再教他表演时需要掌握的技巧。

在这个故事里，大师和学生处于不同的认知维度：大师在意的是表演细节，学生注意的是演出状态，站在各自的层面上看都是一种认真的态度，只是学生尚未达到老师的境界而已。

彼此的默契程度对双方表达重点而言很重要，没有默契的沟通容易引起误会，只有双方处于相同的认知维度才有利于信息的交互和接纳。那么，所谓的认知维度是什么？心理学上有一个名词叫作“图式”，是人脑中已有的知识经验的网络，也指人类加工信息的模式。一般来说，图式接近的人更容易沟通。图式一旦形成，就会有相当的稳定性，伴随着人的一生，而且图式决定着人们在信息选择时的倾向和偏好。

经常相处的人之间图式会比较接近，或者准确地说，对彼此的图式比较了解，更容易形成默契的沟通。同样，长期在一起工作的同事也容易产生这种默契。这是一种共同意识，我们在谈话过程中应当充分利用这种共同意识，达到求同存异的效果。我们所指的说服对方就是要在缩短彼此的心理距离的同时，产生共同意识，进而产生亲密感。总的来说，认知维度就说的是在沟通中，我说的你懂，你说的我也懂，我们的谈话处在同一频道。

在职场中，如果同事主动找到你交流，很可能是工作或者生活中遇到了问题，找到你就是想寻求建议，我们必须利用对方的信任与之建立有效的沟通。这时候，需要我们和对方处在相同的认知维度上，才能表达自己想表达的重点，让对方完全理解自己的意思，产生被认同的感觉。假设同事因为没有被选入项目组而感到失落，找你诉苦，而你要表达的就是你理解他的这种失落：“我知道你的能力很强，这次没有入选可能是有更重要的任务分配给你，再说咱们都是老员工，总得给新人锻炼的机会。”在这段话术中，表达的重点就是“我知道你的能力很强”，这也是同事苦恼的关键：他不想因为落选而被别人认为能力不够，从而影响到自己在公司的形象和地位。你理解了同事的痛点所在，肯定了他的能力，这就是在相同的认知维度上做出回应。这样做可以拉近你们之间的关系，在工作中你们能够合作得更好。

既然相同维度下的沟通如此重要，那么我们该如何掌握这种技能呢？主要有三种方式。

· 积累经验。

随着我们职场生活的丰富，会越来越了解周围人的脾气秉性、思维方式以及个人经历。通过这些，我们能够发现每个人喜好的沟通模式，就能帮助我们在开口前构思好谈话大纲，避免用对方不理解或者不情愿的方式交流，良好地表达自己，达到交流的目的。比如，你的同事有海外留学背景，崇尚西方文化，经常喜欢用凯恩斯等大师的理论为自己的观点佐证，那么你也可以尝试用对等级别的理论作为你们沟通的基础，简练有效地表达谈话的核心，让对方更容易接受你的观点。

· 试探交谈。

如果你面对的是一个陌生的同事，那么就要在初次沟通中采用试探的方式探寻对方的思维模式和谈话模式，将每一次沟通都当成了解对方的契机，从而找到易于引起共鸣的话题，与之进行顺畅沟通。例如，你的公司来了一位新同事，你不了解他的教育背景和生活阅历，可以在闲暇时和他聊天，从中发现他的语言模式：喜欢说流行用语还是文艺表达，喜欢引经据典还是喜欢举例说明，喜欢讲长篇大论还是运用段子……将这些不同的偏好进行整合分析就能初步了解一个人的思维方式和说话方式，也就能够为你与他交谈时表达关键点提供条件。

· 模仿对方。

我们不仅要了解同事的语言和思维模式，还应当在交流中偶尔模仿对方，这样有助于精确表达自己的观点，这是一项提高沟通效率的技能。比如，有的人喜欢用比喻的方式和别人沟通，从而深入浅出地阐述他的观点，那么你在与他交流的时候也可以多用比喻的方式，这样有利于创造良好的沟通氛围。

了解了对方的认知模式，沟通的效率就会大幅度提升。比如，你和同事接到了一个矿泉水的创意广告项目，客户要求按照竹叶水（矿泉水品牌）进行包装，你和同事展开了一场头脑风暴。这时，对方问你：“你长得这么萌，一定喝过‘竹叶水’吧？”最理想的回答就是：“当然了，谁让我是熊猫呢。”这就是通过解读对方的“萌”和“竹叶”的暗示，引出了“熊猫”这个形象，通过对方喜欢的词汇将话题代入到适当的情境中。接下来，你们还可以围绕“熊猫”作为创意的出发点进行广告设计，因为有了之前的默契沟通，你和同事对业务的沟通会进行得非常顺利。

虽然我们提倡在同一维度下进行沟通，但不可否认的是，每个人都是独一无二的，我们并不能总是和沟通对象保持在高度相似的频率上，我们需要做的是认真了解对方的思维模式，然后运用对方易于接受的方式表达我们的重点。当然，这并非让我们刻意阿谀逢迎对方。每个人的生活轨迹各自不同，我们只是尝试去理解对方的表达模式，为交流清除障碍。

语言具有强大的功能，既能温暖人心，也能刺痛人心，我们需要在和他人的沟通中传递“你并不孤单”“我们有共同点”的信号，以此为前提表达重点，才能让我们的社会关系在高情商沟通中升华。

好口才，就是会运用高情商的话术

一位女士去一家鞋店买鞋，导购的服务态度很好，不断帮助女士寻找适合她尺码的鞋子，然而找了半天却找不到，最后导购无奈地说："抱歉，找不到适合您的尺码，您的一只脚比另一只脚大。"女士一听，气得要走，这时经理走过来，挽留住了女士，过了一会儿，女士买了一双鞋心满意足地离开了。导购好奇地问经理："你刚才是用什么办法找到适合她的尺码，把鞋卖掉的？"经理说："我说，她的一只脚比另一只脚小。"

胡适先生说："宁鸣而死，不默而生。"在职场江湖，和同事交流，一定要学会高情商沟通。很多人认为，一个人能说就是口才好，其实这是错误的认识。很多没有文化的乡村妇女一张口也是滔滔不绝，但这只能称之为闲聊，并非是好口才。真正的好口才，应当是有力量和价值的语言表达能力，就像古人所说的“出口成章”。

有些人幻想着能够和同事成为很好的朋友，这并非不可能，但就一般的职场人际关系来看，做到这一点很难。也有人认为，多和同事聊天就能增进感情，这种看法同样有失偏颇。俗话说，言多必失，只有讲究措辞方式才有机会增强彼此的感情，而不是乱说一通。在职场上要想措辞动听，需要掌握以下五大技巧。

· 寻找自己擅长的话题作为切入点。

每个人会因为教育背景和生活阅历的不同，形成不同的知识结构，他们只有在自己擅长的领域内才会发挥“语言优势”。如果你对流行服饰非常了解，就可以以同事的穿着打扮作为谈话的切入点。如果你是一个数码控，对最新款的手机、电脑十分关注，也可以就此作为和别人交流的起点。因为你熟悉某个领域，所以你在这个领域的高谈阔论就具有吸引力，别人也就自然乐意听你想要表达的核心。需要注意的是，你选择的话题领域要和同事的生活有重叠性，不能谈论和对方完全无关的内容。

·了解对方的需求。

中国有一句古语：“多闻阙疑，慎言其余，则寡尤。多见阙殆，慎行其余，则寡悔。言寡尤，行寡悔，禄在其中矣。”这句话概括出了两个关键词：多倾听和多观察。多倾听，是为了避免说出那些没有把握的话，即使必须说也要尽量减少错误。然后要多观察，不要做那些没有把握的事情，即便必须要付诸行动，也要谨慎小心，尽量让自己少做后悔之事。当你说的错话比较少、做的错事比较少、人生后悔之事比较少的时候，那就证明你的人生追求和周围的人际关系环境保持在和谐统一的状态中。

职场是一个大染缸，也是一个名利场，职位升迁，薪资调动，人员迁徙，这些都和看、听、说、做这四个动作密切相关。每个职场中人或多或少都存在着不安全感，所以人们愿意和靠谱的人交流，也就是上述提到的少说错话、少做错事的人，因为这一类人比较谨慎，不会给个人或者团队招惹麻烦，也能在高情商沟通中散发个人魅力。

·明确自己的位置。

在职场上和同事说话之前，要明确自己在公司的地位，这包括你的个人资历（工作时间）、职位待遇、人缘、资源（是否能拉来客户或者拥有第三方关系）等，这些因素决定了你在同事心中的定位。如果你是一个职场新人，就要以新人的口吻说话，要显出谦虚、朴素的特质，话里话外要让人挑不出毛病。如果你是一个职场老人，就可以用过来人的口吻和别人交流，展现出一种老道、超然物外的感觉。如果你是一个职场精英，是上司器重的对象，那么在沟通中就要保持低调、沉稳，少触及一些敏感话题，切莫让对方感到被威胁。

·变换不同的修辞方式。

说话动听的人，往往会在交流中采用不同的措辞手段，比如同事告诉你一个新闻时，你要表达出惊讶之感，使用“我的天啊”“不错啊”之类的字眼烘托惊讶的氛围，有利于沟通顺利进行。如果是你主动和同事攀谈，可以在表达重点之前先说一句相反的话，突出你要传递的信息，比如：“比起一个人工作，我更愿意和你一起搭班子。”这样对方就会对你产生好感。如果你要强调某个内容，可以反复提及一个词，正如美国人权运动家马丁·路德·金在《我有一个梦想》中反复强调的“我有一个梦想”，就能够起到突出重点的作用。如果你要谈论工作上的事情，为了便于人们理解，可以多用一些具体数字去描述，尽量少用“很多个”“大部分”这样空泛的词汇，多选取“70%”“五分之一”这样的具体数据，会让你的表达更专业，更具说服力。

·不要轻易否定对方。

有的人在说话时，讲到忘情之处会不知不觉地否定对方，以此来突出自己的正确性，这种做法是坚决不可取的。我们和同事之间是平级关系或者地位差别不大，直接否定对方会降低对方对你的好感度，所以交流中要少用“你的观点不对”“你说的我不同意”之类的句子。不要将问题片面地理解为二元论——不是你对就是你错，这种非黑即白的沟通理念只能化友为敌，让你的人际关系变得紧张。如果你想表达自己的观点，直接说出来即可，没必要去否定他人。

人人都喜欢被赞美，同事也不例外，说好话与拍马屁不同，你在交流中可以适时适当地恭维对方，让对方感到愉悦，这样对方自然就乐意与你交流，你也就很容易表达自己想说的重点。职场社交是一门学问，动听的话语才是表达重点的助推剂。

警惕“口头语”

在职场上，有些口头语和表达时的情绪有关，比如，因为我们对表述内容的不确定，而说了一些语义不明的词汇，会让人摸不着头脑。口头语对我们自己来说并不明显，可是在别人听来会感觉很别扭。口头语不仅影响我们表达的艺术性，也会在沟通中制造冗余信息。

同事之间的交流如果加入过多的口头语，会给对方接收信息带来困扰，直接或者间接地影响到工作，这是经常被人忽视的。因为口头语已经融到一个人的表达方式中，成了习惯。说者无心，听者有意，在你听来无关紧要的几个字，也许对同事来说是非常刺耳的，心细者更会认为你在含沙射影。口头语不仅会影响你表达重点的效果，还会破坏你的人际关系。因此，要想避免上述这些误解，与人进行高情商交流，我们需要警惕一些常见的口头语，掌握会说话的艺术。

·少说“我认为”，多说“我们应该”。

公司肯定会召开各种会议，当同事们聚在一起讨论问题时，有的人出于谨慎会将“我认为”当成口头语，看似有诚意，实际上会让人觉得你这个人主观意识非常浓厚，看问题不客观，而且还有脱离团队之嫌，所以合理的表达方式是：“我们应该……”这样表达才能树立你有大局观的良好形象。

·少说“大概”，多说“肯定”。

有的人经常将“大概”挂在嘴边，而很少说“肯定”，这是为了给自己留后路。平心而论，这样的表达不能算错，但是面对朝夕相处的同事，尤其是同在一个项目组的队友，“大概”就是一句很不负责的话，比如同事想让你交一份项目提案，配合你做PPT，你却说：“这个项目的提案我大概在星期一交给你。”这句话一出口，就会让对方觉得你做事没把握、不靠谱，甚至对你的个人能力会产生怀疑，以后组队工作时会尽量远离你，甚至会告知其他人，会对你造成负面的影响。所以正确的说法应当是："你放心，项目提案我肯定在周一给你。"这样才能树立你"认真工作"的形象。

·少说"原本"，多说"确实"。

团队中有不同看法是正常现象，有些人在和同事沟通时喜欢这样表达："我原本是有异议的，不过现在对你的提议表示赞同。"虽然是不经意的一说，却让对方觉得你是事后诸葛亮，并没有经过论证就得出结论，显得十分随意。更恰当的表达方式是："我确实对你的方案有些不同意见，不过我们可以认真讨论一下。"这样才能体现出你在工作态度上是坚持原则的，并非是敷衍了事。

·少说"必须"，多说"恳请"。

工作中总会遇到一些紧急任务，需要团队成员配合完成，有些人为了赶进度会以保证团队利益为由给同事施压："老板说了这个方案周四之前一定要交给客户，所以你必须在周二之前给我初稿。"这种借用老板的气势去胁迫同事的表达，会让人觉得很不舒服，容易给对方带来心理压力，让别人对你产生一种"狐假虎威"的印象。你可以用这样高情商的话术："这个方案客户催得很急，恳请你在周二之前给我初稿，这样我们都好向老板交代。”这样就免去了沟通的压抑感和命令感，你也表达了自己话语的核心，让同事感觉你们的利益是捆绑在一起的，易于接受。

·少说“恐怕”，多说“根据”。

当我们面对一项复杂的工作任务时，有些人会在心里打怵，想要拖延工作时间，尤其是在商讨工作安排时常听到这样的发言：“这个项目恐怕要耗费一个月的时间才能完成，我们要是不抓紧的话就会完不成任务……”在这段表述中，“恐怕”虽然是一句谨慎的措辞，但难免会给同事传递一种紧张感，会让对方觉得你面对艰巨任务时缺乏底气，所以更合理的表达方式是：“这个项目根据以往经验要一个月的时间才能完成……”这样既能表现出你具有丰富的工作经验，又能体现出大家都在按照计划、循序渐进地推进工作，避免在团队中传递恐慌感。

·学会自我克制。

要想改正自己的口头语，避免不必要的词汇出现在话语中，就要学会自我克制。在开口前我们应该将语言组织好，让表达的重点能够清晰地传递给对方，这样就能避免使用口头语。除了要克制口头语，还要对自己的语速进行控制，不能为了节省时间而过分缩减内容，这样会让对方抓不到我们表达的重点，还会认为我们不沉稳，进而影响沟通效果。只有合理地控制信息输出的节奏，才能确保对方掌握你话语中的关键，并进行有效的反馈。

·多积累词句。

有的人频繁地使用口头语是因为词穷，其实道理他都明白，就是找不到合适的词表达，这就需要积累，比如阅读、背诵古诗词或者引用别人的话，以此来丰富自己的语言库。当你能够灵活地运用多种表达方式时，也就减少了口头语的使用。

·锻炼缜密的思维。

只有清晰的逻辑才能产出精练的语言，通常我们的语无伦次都是因为心里没有把握造成的。比如，遇到突发事件我们毫无准备，就会一边想一边说，很容易导致词不达意，而这种紧张心理持续加重时，我们就会下意识说出自己的口头语。为避免这种情况，我们要培养缜密的思维能力，能够看透过问题分析其本质，从而减少措辞的随意性，用更加精练的话语表达关键信息，才能让对方理解你。

·分清主次关系。

在正式沟通之前，我们要对表述的信息进行分类：重点内容——必须要传递给对方；次重点内容——可以传递给对方但不需要立刻接受的；非重点内容——无关紧要的内容。这里有一个小窍门，在开口前，我们应该拿出一点时间想好自己要表达的重点，然后按照主次关系排成“1、2、3、4……”的顺序讲出来，这样在临场发挥时，话语就主次分明了。由于对信息划分了等级，当同事比较强势时，你可以将非重点内容去掉，将次重点内容压缩，将重点内容重新包装，有利于达到沟通的目的。

当我们理清思路之后，就会直奔主题，保持思维的流畅性，就能避免使用口头语，留给同事一个精明强干的形象，会提升我们在职场上的口碑。

四大语言策略，有效化解尴尬

一位商人做生意失败，被迫卖掉了汽车，出行改用电动车。一天，商人和他的夫人约了几个朋友出去郊游，其中一位朋友不知道商人的近况，看到夫妇二人共乘一辆电动车就感到好奇，问道："为什么你们骑电动车来？"在场的其他人有些尴尬，不知道该如何解释，商人的夫人却说："我们骑电动车是因为我想抱着他。"

沟通不是一成不变的，在交流的过程中会发生各种意外，这就需要掌握灵活的应对策略，从而化解尴尬的沟通情境，给予对方足够的说服力。要想掌握灵活的语言应对策略，你需要了解以下四方面。

·重视语言的丰富性。

语言丰富的人，掌握着生动准确、娴熟专业的词汇，他们能够很好地表达自己话语的核心意思，激发对方的沟通兴趣，因此我们需要增强语言的丰富性。此外，在句式上也要有丰富的变化，可以采用单句和复句，也可以用转折、夸张等修辞方法，这样既能够活跃沟通的气氛，也能引起对方的联想。

·注重措辞的灵活性。

措辞的灵活性包括很多内容，最核心的一条就是不能全部交底，也就是说话要留有余地，我们在许诺和陈述事实时都要给自己留有余地。在职场上总能碰到“老油条”，他们往往当面一套背后一套。如果这类人负责检查你的工作进展，你就得装作似懂非懂的样子，让对方挑不出一点毛病。比如当他问到你做的市场调查时：“你确定数据来源可靠吗？”最合理的回答方式就是：“我是根据权威第三方调查机构得出的结论，推理部分是我完成的，依据是参照他们的，应该不会有问题。”这样的表达就将“可信性”放到了第三方调查机构上，为自己准备了退路，还能清晰表达重点——我是根据权威得出的结论，我的工作已经完成了。

职场上，还有一些同事说话尖酸刻薄，对这类人要提高警惕性，虽然他们在公司的人缘一般不会太好，不过被他们在暗中说坏话也会吃不消。由于他们伶牙俐齿，所以要在话术中加入应变策略的成分，避免惹祸上身。假设你做的一份客户回访报告中提到了客户对公司提出的意见，这种人看了之后可能会将矛头指向你："客户提的意见我都看了，是不是因为咱们这边照顾不周引起的呢？之前客户的反馈信息可是良好的啊。"这时你可以这样解释："客户的不满主要是因为他们公司提出了比去年更高的要求，而我们公司在整体上还保持着和去年相同的业务模式。"这就将问题转移到了公司的战略层面上，而非一个执行层面的员工能够解决的，让对方没法再将矛头指向你。你要表达的重点——"我在执行层面做得问心无愧，决策层面就要看公司如何调整了"也清晰地呈现出来。当然，面对心术不正的同事，能避免直接打交道最好，因为对方习惯于鸡蛋里挑骨头，再高超的话术也抵不过造谣生事的一张嘴。

·注意话语的谨慎性。

要想精确表达话语的核心意思，你的沟通话术除了要掌握好灵活度之外，还要注意谨慎性。在和那些喜欢挑拨离间的同事交流时，谨慎性尤为重要，因为他们会搬弄是非，离间同事，将一个团队搞得人心离散。和他们沟通，一定要注意别被抓住把柄，否则，后果不堪设想。另外，对那些喜怒无常的人，要留一手。他们在与你和平相处的时候能够喜笑颜开，而遇到利害冲突时就会翻脸不认人，所以即便在关系最融洽的时候，说话也要留有余地，不能什么都说，而且要恰当表述重点。有些人愤世嫉俗，看不惯很多社会现象，也看不上公司里的很多人，和这种人沟通时一定要谨慎。一旦他将矛头指向公司的人事、福利待遇，想要对同事发难，你们平时的谈话很可能会变成他的“汇报材料”。

· 要适时地表达自己的立场。

职场中并非所有同事都是充满恶意的，也有一些人品好、能力强的人，在和他们沟通时我们不用担心自己被套路，还可以“沾光”。比如，一位经验丰富的同事，在领导面前提出了一个能够给团队带来利好的建议，这是你自己想不出来的，遇到这种情况，与其嫉妒对方的聪明才智，不如搭上他的顺风车：“不得不说，你的这个创意真的太赞了，之前我也想到了类似的建议，但是和你的一比还是差很多。”这样表达，既恭维了同事，又向领导证明了你也在勤于思考、努力工作，同时，你还是一个能够分享他人成功的“无公害分子”，具备培养价值，也能让更多的同事愿意和你交往，从而在职场上获得更优质的人际关系。

和不同的同事交流，要善于根据他们的性格、特点制定相应的沟通策略，才能够与他们进行高情商沟通。当然，人心隔肚皮，有些同事是什么性格你未必摸得清楚，这时候只要以谨慎为原则，不盲目下结论，不轻易表露自己的真实想法，在留有余地的同时说出重点，就不会给对方抓住你把柄的机会。掌握上述这些语言应对策略，你也能够和别人顺畅交流，不仅能表达自己话语的核心，还能处理好职场中的人际关系。

表达不同观点有技巧

有两只乌鸦在树上吵架，越吵越凶，其中一只乌鸦想让对方认同自己，就打算用武力解决问题，于是随手捡起一样东西砸向另一只乌鸦，结果那东西马上破碎开来，乌鸦这才意识到自己犯了大错，自己刚刚扔出去的是还没孵化的蛋。

在沟通中难免和别人发生争论，但我们不能强迫别人一定要认同我们，要允许对方有不同的看法，即便是要说服对方也要以理服人。

发生争执时，表达的技巧和核心内容非常重要，它决定了对方是否能领会你的意图以及是否愿意与你心平气和地交换意见。尤其是谈论到公司业务时，每个人都有自己的意见和看法，当不同的观点碰撞时，会产生沟通障碍。需要注意的是，这时你表达的内容不能站在沟通目标的对立面，应该运用合适的技巧，避免让双方感到尴尬。那么我们要怎么做到这一点呢？这就需要注意以下几点：

·先肯定，后否定。

要想让对方理解你的话，前提是肯定对方的观点，也就是活用辩证的哲学思想，这样你的不同意见才容易让对方接受。例如，你和同事在讨论如何做好客户维护工作时，有人提出要在一个星期之内连续进行客户回访，而你却认为这样做效果不大，还会耗费很大的团队精力，要有针对性地回访客户才行，你就可以不失客观和公正地表达：“刚才×××提出的意见有一定的道理，也是一种方法，但我以为还是重点选取几个客户比较好。”随后你就可以详细地说出理由，这样也不会引起对方的反感，还有兴趣听你说完，很容易接收你话语中的重点信息。如果你一开口就否定对方，会造成紧张的沟通气氛，让对方难堪，对方自然不愿意和你沟通下去了，又何谈高情商沟通呢？

·采用商量的口吻。

在沟通中尽量使用商量的口气，不要采用命令式的、绝对的口吻，比如："你赶快把报表给我看。""我的方法肯定没问题。"这样说话很容易引起对方的反感。大家都是平级关系，应当运用和气的口吻："你的意见是这样，我觉得是不是可以那样呢？说不定那样会更好呢？你再想想。"或者可以更委婉地表达："我们能不能换一个角度来考虑一下？"用商量的语气表达话语的核心是尊重对方的表现，只要给予别人足够的尊重，即便对方不愿意改变他自己的观点，也会考虑你的意见。

·分析对方的意见。

很多时候，我们可以从对方的意见和观点中推测出可能发生的不良结果，以此为前提再表达自己的观点会更加稳妥。换句话说，你表达的重点要证明自己的观点是正确的，或者对方的意见存在着不合理性，这样才能说服对方。否则，只能加强对方的反对态度。需要注意的是，分析别人的观点时必须要客观公正，不能夸大或者无中生有。

·引用别人的事例。

有时候可以通过别人的观点和意见来证明自己的观点，这样既能够间接表达重点，又能够避免沟通的尴尬境地。尤其是面对资历比自己老的同事时，直接反驳对方不合乎人情，所以引用权威的事例说服对方是最好的手段。你可以这样表达重点："×××公司他们以前遇到过类似的情况，就是这样处理的，效果很不错，我们是不是可以借鉴一下呢？"

· 以大局为重。

沟通的最终目的是为了传递关键信息，达成一致结论，因此无论双方的观点有多大分歧，都尽量要以大局利益为重，从中选取双方都能接受的"意见结合点"。同事之间的和谐关系要建立在共同利益的基础上，要尽力维护团队形象，少拆台多补台。比如，你在和同事商量活动经费分配的问题时，对方的看法和你相反，你可以这样说服他："现在公司经费紧张，我们可以根据实际情况协调一下。我这边目前有紧急任务，事关下一年度的合同续签，恳请你理解，等到这个项目做完了就以你那边为重。"这既能体现出你的大局观念，也让对方不好反驳你。

· 避免拉帮结派。

职场上的有些矛盾是因为拉帮结派造成的，不同的小团体之间会产生矛盾，把利益划分变得复杂，很容易出现争端，所以在日常工作中要避免形成小团体，这样容易引起其他同事的猜忌。领导也十分在意这种情况，如果你和几个同事关系过近，组成小团体，领导很可能会认为你在建立自己的“势力范围”，从而对你提高警惕，不会委以重任。

·避免人身攻击。

人在争论过激时会说出一些气话，这种情况很难避免，但语言中不应该出现攻击对方的言辞——无论是当面说还是背后说影响都很恶劣，特别是别的同事获得了物质奖励、领导表扬、客户认同时，更不能借题发挥，要就事论事，保持平常心。

职场上，同事之间难免会出现一些观念上的碰撞，不能及时处理的话就会形成难以解决的矛盾并随着工作的推进根深蒂固，你们的关系也会不断恶化。正所谓“冤家宜解不宜结”，与人沟通时，如果与人发生争论，我们要学会主动忍让，多从自身寻找原因，防止矛盾激化。如果矛盾已经形成，我们就要学会表达关键信息，得到对方的理解，解决矛盾，打破僵局。

第五章 如何让下属心甘情愿地追随你

一个高情商的领导，一定知道怎么和下属进行有效沟通，他们是通过引导、鼓励与支持下属，去激发下属的工作积极性，提高下属的工作效率，让下属心甘情愿地追随自己。

聪明的老板都会鼓励下属

美国著名管理学专家斯蒂芬·罗宾斯曾经进行过一项调查：询问来自不同岗位的1500名调查对象同一个问题：什么才是最好的职场激励因素。大家的回复竟然是相同的——认可。

在另外一项研究中也证明：下属认为管理者对自己工作业绩的认可是对他们最好的激励，然而研究对象中的58%的上司并没有对他们的工作表示过任何认可和感谢。

下属在工作时是否有积极性，直接影响着企业的整体效能，作为上级，应当采取措施提高下属的工作积极性，激发他们的创新思维。1959年，美国心理学家赫茨伯格提出了一个双因素理论：工作报酬和工作环境都是保健因素（保健因素的内容包括公司的政策与管理、监督、工资、同事关系和工作条件等），只能维持员工基本的心理健康，却无法起到激励他们的作用，简而言之，就是薪资待遇和员工的工作积极性没有直接关系。员工的创意通常源自他们的积极性，提高员工的积极性属于管理学的范畴，能够体现出上级对下属的激发和鼓励的能力。

创意工作是一项消耗脑力的工作，“运用之妙，存乎一心”，上级必须能够灵活地运用各种沟通话术激励下属，表达自己所说的重点，让下属接收到自己话中的关键信息，调动他们的积极性，从而想出更多的创意。领导要想达到这种效果，就要以尊重下属为前提，在和他们相处时表达自己的真实想法，对他们进行适当的赞美，同时也要注意遵循以下三条原则：

· 调动积极性。

现在不少上级都为团队士气不高的情况苦恼，他们甚至偏激地认为员工没有最懒只有更懒，这种先入为主的认识让他们给下属贴上了“懒癌患者”的标签，但这样却是不对的。从行为科学的角度看，大多数人都是愿意承担责任并希望能变得更加积极勤奋的，并非只是一味地懒惰，而是缺乏必要的诱因。因此，上级在与下属交流时，要学会有效简练地表达自己的关键点，从而激发下属的潜在主动性，让他们更好地工作。

领导在给下属布置任务时，可以赋予他们一些决定权，在保证不影响项目进度的前提下让他们放手去干，这样能够大幅度地提高工作效率。但需要注意的是上级要对工作结果的成败有具体的衡量标准，假设预期销售目标是100万，但当下属有了自主权之后可以适当放宽到90万到100万之间，这样降低一些难度下属才会有工作积极性。

·及时进行奖励。

激励士气的方法既不是在开会时只喊口号，也不是给下属画饼充饥，而是要建立起切实可行的员工激励制度，也就是根据员工工作表现为其提供相应的物质奖励和精神奖励，这样才能最大限度地调动下属的工作积极性，减少怠惰心理。同时也要给团队提供一套完整的奖励评估标准，以示公平。

美国有一家名叫福克斯波罗的公司，专门生产精密仪器等科技产品，在创立初期遇到过技术难题，令总裁十分发愁。一天晚上，一个科学家拿着一台能够解决这个问题的原型机跑到了总裁办公室商量解决问题的具体计划，总裁发现这台机器和计划正是公司需要的。为了奖励这位科学家，总裁将自己的办公桌翻了个底朝天，最后找到了一根香蕉送给科学家当奖品，之后也给予了他丰厚的奖励。从此以后，福克斯波罗公司便用“金香蕉”形的别针作为对贡献重大科学成就的员工的奖励。而员工们也更加努力工作，积极为公司想出各种创意，因为他们想要得到奖励和荣誉，公司也蒸蒸日上。从这个案例中可以看出奖励的重要性，它能够让下属持续产生创造力，进而转化为企业的生产力。

·真诚赞美。

美国石油大亨洛克菲勒曾说过一段话：“要想充分发挥员工的才能，方法是赞美和鼓励。一个成功的领导者，应当学会如何真诚地去赞美他人，诱导他们去工作。我总是深恶挑别人的错，而从不吝惜说他人的好处。事实也证明，企业的任何一项成就，都是在被嘉奖的气氛下取得的。”

洛克菲勒的成功，很大程度上和他对身边人的真诚赞美有关。一次，洛克菲勒的一个合作伙伴在南美的生意上蒙受了100万美元的损失，洛克菲勒非但没有怪罪他，反而真诚地对他说：“你能保住60%已经不容易了，以后和你合作一定错不了！”这句话让合作伙伴十分感动，于是他努力做得更好。在两个人的再次合作中，合作伙伴为洛克菲勒赚到了更高的利润，挽回上一次的损失。

那些具有人格魅力的上级，除了具有职业必备的专业知识和技能之外，还拥有很高的人际情商，能够和下属保持良好关系，通过自己合理的话术表达核心——对下属的激励，从而提高整体工作效率。

职场上的业绩需要上下级之间的通力配合才能获得，身为上级要明白，下属不是企业的执行工具，而是有思想、有意识的人，他们的主动性和创新性将对企业的发展前途有着重要作用。上级想要赢得下属的支持，需要明确表达自己对他们的尊重与重视，可以通过恰当的鼓励话语，激发他们的创意，让员工主动配合自己完成工作，才能不断提升团队的战斗力。

与下属交流之前，要做好这八项准备

沟通中最忌讳的就是随意沟通，想到什么就说什么，想找谁说就找谁说……这些沟通要么是低效的，要么是失败的。想实现高情商的沟通，必须在与人沟通前有一个整体的思路。正如写文章需要列好提纲一样，与人谈话之前也要列出谈话大纲，只有精心准备的话语才能确保自己表达了核心意思，让对方理解自己，达成预期目标，这具体要做好几方面的准备。

·明确沟通目的并制订计划。

没有明确目的的沟通就是无意义的沟通，沟通目的就是你所希望在交流中获得的成果，简而言之就是为什么而沟通，话语的中心思想必须明确，不要跑题，否则会让下属认为你在漫无目的地和他聊天，有心者还会盲目揣摩你是否有其他用意。在确定目标之后，要着手制订沟通计划，当然不必像工作报告那样正式，但也要做到条理清晰，将谈话重点提前罗列出来，方便对方接收你表达的关键信息。

· 做好应对策略。

任何沟通都不可能完全按照计划进行，尤其是涉及下属自身利益的主题。身为领导，就应当在沟通前制订好灵活的处理预案，避免在面对突发状况时不知所措的情况。当然，做应对策略预案时，要尽可能地考虑到一切意外因素，将所有可能发生的情况都逐条写出来，确保万无一失。要想让应对策略趋近完美，就要考虑最坏的结果，这样才能让你有充分的心理准备，也能提高沟通的成功率。

· 分析下属的个人情况。

常言道："知己知彼，百战不殆。"上级在和下属沟通前要先将对方的情况摸清楚，这里不仅包含着下属的基本情况，也要考虑他到最近的状态。比如有些下属脾气很好，但近期情绪出现了波动，你就要针对这种情况考虑到他可能做出的反应，同时还要对自己表达的内容从头梳理一遍，看是否涵盖了所有重点，沟通逻辑有没有漏洞。

· 学会让步。

当你列好大纲，明确了沟通目标并分析了对方的基本情况之后，你要学会如何在沟通中让步，因为你想达到的目标未必是对方可以接受的或者能力范围之内可以完成的。即便你能想出应对策略也不能保证一定成功，所以要事先考虑到如何让步，如果你想在经济上惩罚工作失误的下属，而罚款金额并不能被对方所接受，你就要有一个退让的空间：减少罚款。当然，让步不是无原则的，要依情况而定。你也要明确哪些问题是不能妥协的，这样就不至于在沟通中失去原则。

· 保持正确的态度。

沟通是一个技术与艺术相结合的语言交互过程，技术是指措辞用语上的窍门和话术，而艺术是在沟通中表现出来的态度，如果上级和下属沟通时全程板着脸，让人感到十分压抑，可想而知这次谈话一定会给下属留下不好的印象，沟通也无法达到既定目标，只有保持温和且坚定的状态才能确保表达清楚自己的重点，和下属进行顺畅的交流。

· 和下属保持相同频率。

“频率”的意思是指双方交谈保持在相似的认知状态下，不能你说东他扯西，这样根本就无法正常交流。因此，身为领导，在沟通前要和对方对问题定性，明确话题的核心，这样才能按照你的谈话大纲正常推进，否则，会出现“对牛弹琴”的情况。

· 避免产生情绪问题。

有的下属是蛮不讲理的类型，你要循循善诱才能让他意识到问题的严重性；有的下属是糊涂虫，你要明确对他晓以利害，才能让对方重视沟通的内容。特别是在那些牵涉到双方利益的问题上，上下级可能都会出现情绪波动的情况，甚至恶语相向，这样就会彻底打乱沟通计划，导致交流失败。这时，上级必须在与下属沟通时保持冷静，努力去平复下属的激动心情，努力为解决问题而交流，而不是在交流中制造新的问题。要做到这一点，就需要上级平时锻炼自己的情绪控制能力，这样才能避免或者成功解决和下属交谈过程中产生的情绪问题，表达自己的核心意思，促成有效沟通。

· 寻找共同利益。

上级想让下属接受自己表达的重点，单纯依靠口才是不够的，还要找到双方的共同利益。只有这样，你们才能站在相近的立场上探讨问题，让下属意识到你的解决方案是出于双方共同利益的角度考虑，而并非损害他的利益，这样才更容易说服对方。假设你想让下属放弃手头的项目着手做一个新项目，他完成原有项目的提成和奖金可能就会减少，这时你就要讲清楚完成新项目获得的利益会更大，也能给予他更多的锻炼机会，在提高自身能力的同时，也推动了公司的业务转型，这样你才能说服对方听从你的安排。

有些情况下不容易找到双方的共同利益，但身为上级，还是要尽可能地从“大局”“团队”的角度去寻找让下属接受的理由，至少让对方听起来是在为他考虑，从而避免产生抵触情绪。

掌握了这些要点，就能在和下属交流的时候，准确简练地表达出自己话语的核心，和下属沟通就会更加顺畅，更容易说服他们。

巧妙引导成长期的下属

《战国策》里记载了一个“千金买骨”的故事：相传，有一位君王喜欢千里马，为了得到它，不惜派人花费重金去购买，却始终没有如愿。后来他派了自己最信任的大臣到民间寻找，几个月以后，大臣说花费了千金买到了千里马，可带回来的却是一具千里马的尸骨，君王看了以后十分生气，认为大臣在戏弄他，想要降罪于他。然而大臣却解释道：“如果天下人都知道您用千金购买一匹死去的千里马，何愁没有真正的活千里马送上门呢？”君王一听觉得有道理，就没有降罪于他。很快就有人向君王送来了千里马，证实了大臣的言论。

作为公司的管理者，谁都希望自己的下属都业绩突出的，都希望拥有“千里马”，也都担心能力平庸的下属会给团队拖后腿，而且有些能力平庸的下属并非是无可救药，可能只是思想认识上出了问题，这就需要恰当的沟通话术和技巧来解决，具体表现在以下几方面：

·将下属的缺陷变成优势。

有些下属有明显的短板，不过这些短板并非是不可弥补的缺陷。有些上级在发现下属有缺陷时，会直接指出并不遗余力地督促他们改正，其实这种做法有失偏颇，因为没有谁会愿意天天被人逼着进行改造，这是在浪费自己的时间，也会引起下属的不满。正确的做法应该是换个角度分析下属的缺陷，通过巧妙的沟通帮助他们树立自信心。

例如，有的下属领悟能力很差，总是错误地领会客户交代的要求，不过换个角度看，这也说明了他们可能有自己的想法。身为上级，可以鼓励他们在集体会议中表达自己的观点，或者能够对整个团队有一些启发。假设在一次头脑风暴之后，优秀的下属都献计献策，但很多创意又相互产生了矛盾，这时你可以让领悟能力差的下属谈谈他对这些创意的理解：“大家的点子都不错，是不是切实可行，我们还要站在别人的角度看看，那就请×××

说说自己是如何看待这些点子的。”通过这种鼓励式的引导，这位下属就会勇敢地说出自己的看法，可以促进多种创意的碰撞和整合。

· 创造良好的沟通和工作氛围。

下属工作上会出现失误和工作环境也有一定关系，有的公司工作气氛压抑，成员之间缺乏交流，很难让他们获得成长，也无法与同事建立良好的人际关系。有的团队虽然活跃，但是企业文化比较刻板，经常会否定员工的自主性思维，让下属误认为自己能力不足，打压他们的工作积极性。

作为上级，应当让下属敢于尝试并接受挑战，要在日常交流中多说鼓舞士气的话，创造良好的沟通和工作氛围，尤其是在安排任务时，要用柔和的语气向下属表达你的核心意思：“这个任务交给你我是放心的，因为你和刚进公司相比有了明显的进步，证明你实力的机会到了。”这样的沟通有益于给下属打气，提高他们的工作效率。

· 擅长用幽默教育下属。

某公司有一位员工，总是想办法逃避工作，有一次他找了个借口说要参加爷爷的葬礼，结果上级发现他在撒谎，不过还是给了他一天假。等到第二天上班时，上级忽然拦住了这位员工：“你相信人能死而复生吗？”员工没有意识到在暗示自己，就回答说：“当然不相信。”这时上级微笑着对他说：“昨天你请假刚参加完你爷爷的葬礼，他今天就来公司看望你了。”通过这个故事可以发现，如果上级直接戳穿下属的谎言，下属可能根本不会认识到自己的错误，可能还会想方设法地狡辩，认为领导是故意找自己的麻烦。然而上级却采用幽默的方式，增强了表达的感染力，也缓和了紧张的气氛，让员工意识到自己的错误，表达了自己的重点，达到了目的。

· 增强下属的自信心。

美国哈佛大学的劳伦斯教授认为，决定一个人工作业绩好坏的原因和工作的满意度有关，而这正是由人的自信心决定的。作为上级，要在和下属的沟通中时刻表达出一个重点：你是最优秀的。要让下属在沟通中建立自信心，因为人的自信心并不是凭空而来的，是经历过他人的肯定逐渐养成的。下属的自信心提高了，对个人能力的掌控也就加强了，就会提高自己的工作效率。

如何准确地交代任务，员工能快速接受

在员工培训课上，一位讲师对员工进行测试：他描述了一辆公交车途经很多车站的过程，讲述期间，员工们开始计算公交车上下的总人数和车上现有的人数，然而讲师说完之后的提问却是：公交车一共走了几站？员工这才意识到自己刚才关注到的是无效信息。随后，讲师又描述另一辆公交车的行驶情况，这次有不少员工记住了公交车经过站点的数量，然而讲师却问大家："你还记得哪个站点上来的人最多吗？"员工们当场愣住。讲师解释道："经过几个车站和车上有多少人都是无用的信息，真正有商业价值的信息是哪个站点上车的人最多，因为那说明该路段的人流量最大。"

这个故事反映了表达重点的意义：如果说话方没有点明哪些信息是关键的，就会误导听话方的关注方向。所以在职场上，上级在向下级传达命令时，需要用一针见血的表达方式让下级尽快领会重点，避免接收的都是无效信息。上级可以在时间允许的情况下制作任务书，将准备告知给下属的信息以文字的形式留存。这是因为人在书写时更容易理清思路、组织语言，能够清晰地交代相关信息，比如时间、地点和涉及人员等。如果上级没有时间做任务书，或者不方便留下文字信息，那就只能采用口头传达的方式，这就需要运用上级自身拥有的沟通技巧和管理经验将重点简练有效地表达出来，否则，下属无法接收到有效信息。

上级和下属沟通、上级向下属交代任务时，需要注意以下五方面。

· 减少冗余信息的传递。

一般来说，上级都想在最短的时间内将信息传递给下属，让对方尽快了解任务内容，但有的时候不能把握重点，说着说着就跑题了。所以在沟通中领导要注意减少无用信息的传递，比如："我们公司的企业文化是……所以和客户对接的时候要……"这样的表达会让下属抓不到重点："到底是要求我遵守企业文化还是服务好客户？”这就是混淆了信息传递的重点。

·及时了解下属的工作进度。

上级在向下属传递命令后，应当及时了解下属的工作状态，这样有利于统领全局，为他们部署接下来要做的任务，例如，上级在给下属安排新的任务之前，可以主动了解下属现在做的任务进度：“×××项目进行得怎么样了？需不需要加派人手帮你？”这样下属就会向你介绍工作的进度情况，你就得到了他们的反馈，而且当你再安排工作时也能了解对方的工作量和时间线。

·明确任务的要点。

因为介绍一个任务会耗费许多的唇舌，有些上级出于懒惰就自动简化了内容，结果忽略了重点部分，造成下级在理解上出现了偏差。有一位主管给下属安排任务时是这样说的：“小宋，请你将那个调查报告复印出两份送到总经理办公室。”小宋没有确认上级的意思，就按照自己的理解复印了两份之前做的报告，但因为总经理不在公司也无法把报告交给他，等到用报告的时候，小宋打印的报告不合格，根本不能带给客户，总经理因此十分着急，严格地训斥了主管。事实上，只要上级准确地表达了自己的重点，小宋在不确定主管的意思时直接和主管进行沟通，这种事情完全是可以避免的。

所以上级交代工作时，千万不能为了图省事，就忽略重要信息和要求。

· 交代任务的细节。

上级不仅要向下属交代任务内容，更不能丢掉对任务细节的描述，这样才能让下属真正领会上级话语中的核心内容、明白他自己的任务是什么，从而提高工作效率。有些上级习惯于站在自己的角度考虑问题，认为一些细枝末节没有必要告诉下属，这样会让下属凭借直觉和经验被动地执行任务，在工作中很容易出现错误。

某公司的领导精心策划了一场客户答谢会，将布置会场的任务交给了下属，下属很快就布置完了会场。然而上级来到会场一看，发现下属将会场的椅子都摆成了一排一排的，根本不便于客户和公司面对面地交流，就责备了下属。而下属感到十分的委屈，责怪领导之前没有和他说椅子想要什么样的摆法，这样也不利于彼此关系的拉近，还会产生嫌隙，可见重点细节一定要在和下属的沟通中表述清楚。

·让下属积极地接受命令。

有些任务很紧急，需要尽快完成，但有时下属不能感到工作的紧急程度，这就需要上级将这种“紧急”的情绪信息传递给对方，从而增强他们的紧迫感和执行效率。当然，在表达的过程中不能显得过于急躁，要尽可能地使用一些礼貌的用语，比如“请把这份文件下发”之类，少用命令性的口吻：“你赶快把方案做完，客户等着看！”上级要给予下属足够的尊重，这样才能让对方积极地去完成任务。

麦当劳在2004年聘用了一个新CEO，此人从17岁开始就在麦当劳洗厕所，然而当初他只洗了两小时就打算走人，因为他觉得这份工作没有前途。不过，他的上司却说：洗厕所也是麦当劳的一项重要工作，因为麦当劳的四大宗旨包含着“品质、服务、物有所值和清洁”。在上司的正确开导下，他留了下来，最终在21岁成为分店经理，20年以后成为CEO。通过这个真实案例可以看出，上级说服下属的关键在于对重点信息的把握：“洗厕所也是麦当劳的重要工作内容之一”，正是这句话才坚定了对方留下来的决心。

在职场的交流环节中，上下级的沟通效果往往和沟通能力、自身情绪、情商和压力管理能力有关。有些下级无法按时完成任务并非是个人能力不足，而是上级没有掌握沟通技巧，让下属带着负面情绪或者错误的认识去工作，结果自然不会令人满意。

上级要想和员工进行高情商沟通，就需要掌握这些技巧，在短时间内有效表达重点，并让自己的下属迅速有效地接收和理解。

化解冲突的三大秘诀

美国通用电气集团CEO杰克·韦尔奇一再强调：“沟通、沟通、再沟通。”以此来说明沟通对企业发展的重要性。沟通是职场正常的交流活动，能够起到消除矛盾、增进关系的作用。一个缺乏沟通的企业，或许在短时间内能够运转正常，但是时间一长势必产生矛盾，影响企业的发展。身为上级应当主动了解下属的需求，尽可能地和他们多交流，随时掌握新的信息，让每个人都能在各自的岗位上发挥出最大效能。当然在沟通中，自然无法避免上级和下属之间矛盾的产生。

其实上级和下属发生矛盾，往往是因为上级强硬的态度。如果上级试着改变这种态度，表现出对下属的尊重和谦虚态度，运用高情商的话术与之沟通，往往就能很好地化解彼此之间的冲突。

每一个上级都想成为一个口碑好、人缘好的管理者，都希望下属心甘情愿地追随自己。不过在工作沟通中领导会因为一些无法妥协的原则性问题和下属闹矛盾，这时，上级要视情况决定是否拒绝下属的要求或者选择退让。上下级之间的争执原本属于工作范畴，但处理不当也会影响到双方私下的关系。有的上级在遇到这类情况时抱着唯我独尊的态度，不愿意和下属平心静气地讨论，而是用身份和地位压制对方，剥夺下属的发言权。事实上，人们在和对方争论时的表现，往往最能检验出一个人的综合素质。作为上级，应当在与下属发生争论时，掌握一些技巧化解冲突。

· 在争论中要适当吃亏。

美国总统林肯曾经遇到过这样一件事，一个年轻的军官和同事发生了争吵，结果林肯狠狠地批评了这个军官，军官表示不理解，林肯解释说：“任何一个想有所作为的人，都不应在和人争吵上浪费时间。”

有些上级认为自己永远是正确的，不愿意在争论中丢掉面子、权威或者掌控力，其实很多争论未必有真正的胜利者，很多时候受制于不同的立场，双方难以达成一致。作为上级，不要刻意放大这种差异，不要将自己的言论当成真理去否定下属，要懂得适时做出让步，这样才能让对方认为你是一个能够吸取别人意见的上级，才会愿意和你交流自己的想法，彼此才有让步的可能。

·尽量弱化利益冲突。

国内有些企业无法做大做强，是因为利益冲突太过激烈，上级不想给予下属应有的待遇，下属则认为自己是被剥削的一方，双方各有各的算盘，导致企业的发展颠簸不前。身为上级，要尽量弱化和下属的利益冲突，除了要建立相对公正的财富分配制度外，还要依靠沟通去表达自己的重点，消除下属的消极情绪。

·采用逆向思维分析问题。

20世纪30年代，日本的松下公司受到世界经济危机的影响，经营状况十分糟糕。很快，公司有关部门向高层提出建议：减产减员，减轻企业负担。总裁松下幸之助经过权衡，只批准了减产的请求而没有裁员，对此他做出了解释：即便亏本也不能亏待员工，不能让员工成为经营风险的牺牲品，必须和员工同舟共济。

结果，员工被松下总裁的善良和诚意打动，想尽一切办法帮助公司推销产品，最终让松下公司渡过了难关。

在公司遇到困境时，上级不能将危机转移到下属身上，更不能依靠牺牲下属的利益来弥补企业的损失，要采用逆向思维看待问题：公司困难越大越要善待下属，这样才能让下属和你共渡难关。比如，在公司资金紧张时，上级可以这样对下属说明情况："公司现在遇到了一些难处，这个月的工资可能要晚发几天，但是一定会足额发给大家，如果有谁急需用钱，可以和我私聊，我会用我个人的钱先行垫付。"这样的表达既说出了自己的重点，又安抚了下属的情绪，交代了解决目前困难的方法，让员工看到了上级的诚意，自然会对公司保持着忠诚度。

身为上级，有的时候需要用逆向思维看待问题，也许更容易找到转机。

沟通中，与人发生冲突是不可避免的，但很多人都不去想办法化解冲突，久而久之就会造成彼此关系疏远的后果，这是不可取的。如果发生矛盾，一定要及时想办法解决，尤其是上级和下属之间发生矛盾，无论下属是怎么看待问题的，上级一定要想办法解决。如果彼此的矛盾没有解决，很容易产生嫌隙，不利于工作的顺利开展，对公司团队也会产生不利影响。一个高情商的领导一定掌握了化解冲突的秘诀，并且能够用巧妙的沟通套路解决与下属之间的矛盾，使下属信服自己，心甘情愿地追随自己。

第六章

和陌生人沟通要消除距离感

和陌生人打交道时，因为彼此之间不熟悉，总会产生陌生感，很难让对方放下戒备与自己畅谈。运用高情商，我们可以掌握一流的沟通技巧，通过合适的开场白、恰当的自嘲等拉近彼此的距离，进而实现高效沟通。

合适的开场白极其重要

日常沟通中少不了选取适当的开场白作为铺垫，尤其是在和陌生人交谈时，好的开场白有助于表达你的重点，甚至可以说“好的开场白意味着成功了一半”。那么，如何才能说出合适的开场白呢？选择的话题要有一定的共通性，也就是每个人都或多或少了解的事情。需要注意的是，不要选择容易引发争论的话题，最好要选择开放性强、无关对错的话题。你的话题要具有一定的吸引性，能够引起对方的兴趣，才不会变成你的独白。

以下几种策略可以帮助你说出合适的开场白：

·适当的夸奖。

人人都喜欢听好话，适当的赞美可以拉近你和对方的关系，你就更容易表达自己的重点，让对方更容易理解你。但需要注意的是，夸奖对方时要尽量找出他不易被人发现的优点，而夸奖他显而易见的优点就显得不够用心了，赞美别人的时候一定要让对方感觉到你的诚意。比如你和一个美女初次见面，夸对方长得漂亮就很难打动对方，不如夸她的穿衣打扮、文化品位等，这样更容易加深她对你的印象，你也就更容易表达你的核心意思，她也就愿意听你的想法。

·谈论彼此都认识的人。

初次见面，如果找不到合适的话题，就可以谈论彼此都认识的人。例如，你的客户向你推荐了一个新客户，初次见面时，你可以以这样的话作为开场白："唐女士您好，承蒙您的好友推荐，让我们有幸相识，他认为您的公司需要我们的办公设备，而他也是我们的固定客户之一，相信我们也会愉快合作的。"这样的开场白既能消除陌生感，也能间接地表达重点：你的朋友都是我们的长期客户，选择我们是不会错的！

·多提开放式问题。

有的人总是因为把天"聊死"而感到苦恼，之所以出现这种情况是因为他们总用封闭式的问题作为开场白——只用"是"或者“不是”就能回答的问题。例如，你见到陌生人时这样问：“您家距离公司远吗？”对方回答：“不远。”你接着问：“您上班应该走着就能到吧。”对方回答：“是的。”显然，这样的沟通是毫无趣味可言的，对方很快就会失去和你交流的热情和耐心。只有采用开放性的开场白才能让对方有谈论话题的热情，你可以这样说：“我觉得指纹打卡这种方式应该淘汰了，有一次我手被烫伤了，常用指和备用指都打不了。”对方一听就会接话：“人脸识别也有缺陷，上次我一个同事理发了，结果机器识别不出来了。”以这种开放式的话题作为切入点，不仅有利于你明确表达重点，还能很容易地将对方代入互动性很强的沟通模式中。

在信任感普遍缺失的今天，陌生人之间往往会因为戒备心、陌生感等产生沟通障碍，但充分揣摩对方的心理，找到合适的开场白和话题，引起对方的交谈兴趣，你要表达的重点就能成为对方关注的热点，你们就能展开深入的交流，达到良好的沟通效果。

与生人打交道，要学会拉近彼此的关系

美国社会心理学家约瑟夫·勒夫特和哈里·英厄姆共同提出了一个著名的“约哈里窗户”理论，将人的内心分为开放区、盲目区、隐秘区和未知区。当我们和陌生人初次见面时，我们必须把对方的开放区（他自己知道你也知道的事）作为切入点，尝试进入他的盲目区（他不知道而你知道的事），这样一来，彼此就会增进了解，也有助于快速拉近你们之间的距离，了解对方的隐秘区（他知道而你不知道的事），从而增进好感度。

和陌生人拉近关系，是一个打开社交僵局的必备条件，也是传递关键信息的桥梁。有的人不解此道，面对陌生人倒是能做到喋喋不休，然而根本没有表达出自己的重点意思，弄得对方也感

到烦躁，不想再继续交流，这就是没有学会高情商沟通技巧的后果。一般来说，拉近关系需要注意三方面的表现。

· 保持基本的个人素养。

有些人不怯场，也不畏惧和生人打交道，但是过于“自来熟”，与别人第一次见面就不管不顾地乱说一通，完全不考虑别人的感受，这其实是缺乏教养的表现。沟通是一种技能，说话有分寸是一种教养。所以我们不能为了表达重点而打断对方谈话，这样的行为缺乏基本的社交礼貌，只能让对方嫌恶你，又怎么会关注你所表达的重点呢？

因此，在和陌生人交谈的时候，我们要保持基本的个人素养。根据这个原则，当你在面对陌生人时，开口前先观察对方处于何种状态——是在思考还是在和他人交流，然后再找寻一个恰当的机会开口，切莫盲目插嘴，而是要趁着自己发言时引导对方进入你要谈论的话题，这样才能建立基本的好感，拉近彼此的机会。

· 通过身边事切入重点。

有些人喜欢谈论“格局”很大的问题，比如，军事史、国际政治、金融财经等，如果确定对方感兴趣这倒无所谓，然而在不了解对方兴趣偏好的前提下，范围越大的话题往往越会显得空洞，甚至会让对方觉得你是一个不真诚的人。所以，你可以通过身边的事情切入自己的重点，身边的事情比较普遍，听者也愿意去了解，自然就能理解你的意思，和你进行顺畅的交流。

· 学会打破沉默。

即便是沟通高手，也免不了遇到冷场的状况，但不要在冷场时没话找话，要观察对方的一举一动并做出分析：究竟是对方不想继续交流还是陷入了思考？由于我们不了解陌生人的经历，难免会谈论对方不感兴趣的话题或者是触及对方某段记忆，这时作为听者就会产生共鸣并陷入回忆，这就需要我们积极打破沉默的场面，让沟通能够继续进行。最好的办法就是谈论自我，因为陌生人容易对刚认识的人产生好奇心，而且先坦露自我能够体现出你的真诚，容易拉近你们之间的关系。

无论是在陌生人面前的自我袒露，还是试图了解对方，都需要借助心理学和话术的各自功能，以真诚为基础，以礼貌为原则，以素质为陪衬，才能给对方留下美好的印象，进而达成高情商沟通。

运用自嘲优化沟通氛围

林肯是美国历史上最有名望和影响力的总统之一，他品德高尚，才智过人，就是相貌丑陋，但他从不回避这个缺点，反而用自嘲优化了和别人的沟通氛围，化解了尴尬的情境。一天，林肯在森林里散步时遇到了一个砍柴的妇女，林肯看出妇女脸上的不悦，就率先开口说："有时候，我觉得自己好像是一个丑陋的人。"妇女毫不客气地说："你是我所见过的最丑的人，但你至少可以做到待在家里不出门啊！"林肯回答："我没有两张脸，如果有的话，我绝对不会用现在这一张！"林肯对妇女的直言不讳并不在意，反而大胆地自嘲起来，化解了和陌生人之间沟通的尴尬，也正是因为他会表达重点的技巧和极高的情商赢得了人心。

自嘲不是自我否定或者自我贬低，而是一种高明的自我调侃，是一种话术技巧，在恰当的时候运用自嘲会有意想不到的效果。

· 自嘲能使你掌握沟通的主动权。

很多人认为，在陌生人面前应当展示自己最优秀的一面，但这并不意味着我们要掩盖自己的缺点。如果对方对我们有成见时，我们还刻意展示自己的优秀，往往适得其反。这时候，通过自嘲能够消除对方的敌视态度。换个角度看，如果自己的缺点不可避免地要被人拿来品评，倒不如让自己来评价，反而掌握了沟通的主动权。

假设你是一个身材矮小的办公用品推销员，在敲开了某个公司的大门之后，接待你的前台难免会排斥你，甚至因为你的身高更加反感你，这时你不妨主动地说："您看我这身高就能知道我们产品的质量有多好了。"对方会问为什么，你就可以通过自嘲表达重点，掌握谈话的主动权："像我这样形象不佳的人都能出来推销，就是仗着我们的产品质量过硬啊，甭管客户看我多不顺眼，但一看到我们的产品就动心了。"前台听到这些话，也就对产品产生了兴趣。这样的表达方式就是主动亮出缺点然后引出重点，自嘲就发挥了正面作用。

· 自嘲能够帮你摆脱尴尬情境。

某个周末，你在家里宴请一些好朋友，其中有几个是你的新朋友，可是正当你准备展示自己的厨艺时，却因为忘记缴煤气费被停气了，只能改用电锅对付炒菜，因此让朋友们错过了饭点。遭遇这种窘境，老朋友或许无所谓，但是新朋友可能会认为你是一个毛手毛脚、做事欠考虑的糊涂虫，为了防止在对方心里产生这种负面印象，你不妨自嘲一下："我知道你们都饿了，请再忍耐十分钟，因为我的厨艺不是很好，只有你们饥肠辘辘才能吃得更香啊。"这样高情商的话术不仅会博大家一笑，也能缓解尴尬的气氛，帮你摆脱困境。

当我们因为某件糟糕的事情处于被动地位时，可以选用自嘲的方式表达自己的关键信息，让人们理解你话语中的含义，进而摆脱尴尬情境。

· 自嘲能够增强说服力。

当我们试图说服对方时，如果成功运用自嘲这种技巧，反而会让对方从缺陷中看到优点，而且由于你承认了缺陷，会让对方觉得你很诚实，会降低对你的警惕。反之，当你越是报喜不报忧，人们越想知道你隐瞒了什么，正如我们常说的：“我有两个消息，一个好消息，一个坏消息，你想听哪个？”绝大多数人都会选择先听坏消息，其实这是人们对负面信息更有关注欲望的表现。所以，自嘲有时候更能够增加说服力。

归根结底，自嘲是一种智慧，是聪明人对语言的灵活驾驭，也被认为是幽默的最高境界。我们通过自嘲对自己“开涮”，其实也是在向别人展示缺点的可爱之处，是一种巧妙的自我推荐。自嘲使我们能够很好地表达自我，让别人能够在轻松、愉悦的沟通环境中理解我们。

及时弥补语言错误的技巧

生活中，我们难免会根据一些零散的信息做出错误的判断，遇到这种状况就需要及时弥补我们脱口而出的错话，从而化解沟通中的尴尬，才能表达自己的意思，让别人理解。一个人要想体现出自己对语言的成功运用，可以用以下几种常用技巧：

· 赞美对方。

有些错话可能会给对方的感情造成伤害，这时候可以巧妙转换思路，将错话转为对他的赞美，让对方感受到我们的诚恳和善意，从而化解沟通中的尴尬局面。例如，你刚认识一个新朋友，对方向你询问一款手机的性价比，你脱口而出：“这款手机性价比太低了，就是骗那种人傻钱多的消费者。”然而对方却说：

“可是我已经买了啊。”这时为了缓解尴尬，你可以用赞美的话弥补刚才的错误：“其实我是因为吃不到葡萄才说葡萄酸的，你买了这么高大上的手机，真是让我羡慕嫉妒恨啊！”用这样高情商的话语既消除了措辞不慎的尴尬，又赞美了朋友，拉近了你们的关系。

· 巧妙转移。

不合时宜的话说出口之后，如果无法自圆其说，还可以采用转移焦点的办法摆脱尴尬，这样就减轻了自己说错话的“罪责”，消除对方的不满，同时不影响关键信息的表达。

假设你去拜访一个新客户，对方刚开完会惹了一肚子气，而你却未能及时察觉这个细节，就贸然地开口说：“贵公司一派和气，上下一心，看来我们没选错合作对象。”客户一听自然不悦：“和气什么啊，刚才在会上还吵了呢！”由于客户在气头上，就会认为你在讽刺他，这时你可以通过转移焦点，消除对方的负面看法：“能够吵起来才证明大家为了工作敢于直言，都非常积极地为公司想方案。”这样一来，既打消了客户对你的误解，也让客户心情愉悦，愿意和你沟通。

· 戛然而止。

有些人在说错话之后，本能地开启了“循环道歉模式”，以为这样就容易获得对方的原谅，其实恰恰相反，你越是道歉就越会让对方想起你说过的话，反而加深了对你的负面印象，倒不如及时住嘴。

例如，在一次聚会中，你和一位新朋友聊起来，当你得知他是一个出色的摄影师之后，免不了要夸赞几句：“听说你有好多作品都获得国外的大奖了，真是了不起，你父母一定很为你骄傲吧。”没想到对方情绪低沉起来：“其实我是一个孤儿，从来没见过我的父母是什么样子……”这时你才意识到自己触及了对方的痛处，可以通过这样的话语来终止话题：“想不到你依靠自己能获得如此大的成就，我更是佩服你了！”这样的表达就快速终止了原来的话题，避免了因为道歉而造成的“二次伤害”。

虽然说错话之后可以采用多种应对策略，但是有一点不能忽略：有些人心思细腻，会把别人的错误记在心上，无论我们采用何种高明的话术去弥补，说出的话都会留在对方的记忆中，所产生的负面影响也不可预估。因此，我们和别人说话前尽量要打好“腹稿”，以便能更好地表达自己的意思，少犯语言上的错误，实现高情商沟通。

正话反说能将重点放大

沟通的灵活性是非常重要的，我们需要根据沟通对象的差异采取不同的话术策略，有时候可以采取正话反说的策略，既能让表达方式更加委婉和巧妙，又能让对方易于接受自己所要表达的内容，从而达到高情商沟通。

·运用巧妙的语言。

有时候，直接的话语未必能够达到沟通的目的，往往还会引起对方的反感，不如运用灵活的措辞表达自己的核心意思，说服对方。

秦始皇曾经要扩建御园，为的是多养一些珍禽异兽，来打猎取乐。当时很多人都反对这个劳民伤财的土木计划，不过没有人敢于直言。这时，能言善辩的优旃[1]站出来，对秦始皇说："好，这个主意很好，多养珍禽异兽，敌人就不敢来了，即使敌人从东方来了，下令麋鹿用角把他们顶回去就够了。"秦始皇一听笑了出来，明白了优旃是在正话反说，最终收回了成命。

在优旃和秦始皇的对话中，他采用了圆滑的措辞，巧妙地运用了正话反说的说话方式，将麋鹿看成是可以抵御敌军入侵的士兵，从侧面提醒秦始皇：豢养宠物会耗费国库，让敌人有可乘之机。这种表达既不会让秦始皇下不来台，也成功说服他放弃了这个念头。

· 轻松幽默是交谈的主旋律。

除非在正式场合，或者面对的人地位比我们高，在其他情况下，一本正经地沟通往往显得比较严肃，反而不利于表达。这时候如果用幽默诙谐的方式传递信息，反而能增强沟通效果。例如，你出去跑业务时和客户公司的对接员工初次见面，他对你们公司存在质疑，为了说服对方与你们公司合作，你不妨用正话反说的方式介绍自己："因为是初次合作，可能你对我们的情况不

① 优旃（zhān），秦国的一位歌舞艺人，善于说笑话，但他的话有深刻的道理；个子非常矮小。

了解，我们公司在业内是口碑很差的。一是经常加班，因为业务特别多；二是保密性不强，因为行业里合作过的公司很多，对我们都特别了解；三是总要处理官司，因为有不少同行喜欢抄袭我们的创意。”这样明贬暗褒的表达，不仅诙谐生动地展现了你们公司的优势，而且还能让对方消除疑虑，愿意和你深入沟通，这样达成合作的概率也就增加了。

·有利于增强赞美效果。

正话反说并非都是讽刺，有时候能超过正面赞美产生的效果。因为过于直白的表述，反而让听者觉得平淡无味，不如假装对赞美的事物进行批评，从而吸引对方的关注度，这时再表达重点往往效果更佳。

举个例子，你为了给公司争取一个大订单，和一个新客户见了面，双方各自介绍了自己的情况和需求，不过对方在言语之间并没有表现出签合同的意思，这时不如用正话反说的方式夸奖对方：“我觉得我们这次会面是令人满意的，就是有一点让我很失望。”如果对方原本对你就有排斥感，那听到这句话自然会恼火，这时你就可以抛出重点：“我失望的是，关于贵公司的现状我一点毛病都挑不出来。”这样巧妙的逢迎会产生意想不到的交流效果，对方会改变对你们公司的成见，愿意了解你们，从而让你获得合作的机会。

·巧妙表达自己的不满。

当我们和不熟的人产生分歧时，直接与之争论是不明智的，因为双方缺乏感情基础和必要的了解，争论只能加剧彼此的冲突，不利于我们表达重点。这时我们可以采用正话反说的策略，将我们的不满夹在“赞美之词”中，就能从侧面表达自己的核心意思。

一位影评家受邀参加一个访谈节目，在后台他和一位导演聊了起来。导演问影评家：“您对我的片子有什么看法？”影评家说：“非常好，我和我身边的朋友都认为您拍出了我们想要看的故事，和我们的欣赏水平完全一致。”导演觉得影评家话里有话，又问道：“我听说有些观众提前退场了，您看这是怎么回事？”影评家笑了笑：“因为大家已经猜到了故事的结局，这说明您和观众心有灵犀啊。”

因为是和导演初次见面，影评家不能直接指出导演作品的不足之处，于是通过正话反说的方式，侧面指出了导演作品的不足，这样做既让导演明白了他的意思，也不至于伤了彼此的和气。

正话反说是一种技巧，需要在准确摸清对方的性格特点和心理特征之后才能大胆地使用。需要注意的是，随着沟通目标的变化，我们的措辞方式也应当适时做出调整，才能从容应对各种不同的沟通情境，成为一个高情商的沟通达人。

第七章

懂得这几点，才能和朋友保持良好关系

想要请朋友帮自己办事，却怕被朋友拒绝；想指出朋友的缺点，又怕影响到彼此之间的关系；朋友比较内向，不知道怎样让他融入集体……要想解决这些问题，与朋友保持良好关系，我们就要懂得高情商的沟通技巧。

谈话高手会这样去激发对方想象力

一家公司在招聘销售主管时出了一道考题：如何把梳子卖给和尚。甲、乙、丙三个应聘者接受了测试。结果，甲卖掉了一把梳子，面试官摇摇头让他离开了。乙卖掉了10把梳子，面试官微笑着问他是怎么办到的，乙说："我在庙里转了一圈之后，对和尚说，过来拜佛的人都心存敬意，难免在来的路上头发乱飞，这样对佛祖是不敬的，如果买些梳子给香客们梳理头发岂不是更好。和尚听了觉得有理，就买了10把梳子。"丙卖出了1000把梳子，面试官十分惊讶，问他是如何做到的。丙说："开始和尚说不需要梳子，后来我知道他的书法造诣很深就提出建议，让他把自己写的'平安梳'三个字刻在梳子上卖给香客，就能在弘扬佛法的同时又弘扬了书法。如果再给梳子开光，成为善男信女们的护身符，就起到了保佑香客平安和弘扬寺庙声望的作用，所以和尚决定大批量购买。”

在这个故事中，丙不仅是一个谈话高手，更是一个具有高情商、善于启发对方思维的能人。在他的大胆构想下，原本不需要梳子的和尚看到了光明的前景，交易自然就达成了。

当你提出意见或者表达观点时，想要让对方和你互动，就要激发对方的想象力，从而将对方代入你构建的话题思路中，这样他才能充分领会你要表达的重点，这需要做好几方面的准备。

· 了解对方的想法。

想象力要通过对方的思维模块去构建，所以不了解对方就盲目地对他进行启发，效果往往不会理想。高效的沟通从来都是双向的，并非是一个人的独白表演。因此，要想激发对方的想象力，必须了解对方此时此刻的思想动态和心理期望，这样才能准确锁定其最感兴趣的内容，达到良好的沟通效果。

比如，你想动员朋友和你一起去国外旅行，但是不确定他是否愿意去以及是否愿意和你搭伙，这时你可以先拿出一个旅行社的简介给对方，等到他看过之后问：“你觉得怎么样？”对方自然会谈论他感兴趣的部分，像出行路线、饮食住宿、风土人情等等，如果对方比较关注的是住宿地点，你就以此为切入启发对方的想象："是啊，住在海边，能听到海浪声还可以去沙滩上捡贝壳，这可是我小时候的心愿。"如果对方回答："我也觉得不错，要不我们一起去圆这个梦吧。"这样就预示着你的重点表达了，沟通目标也达到了。

·强化引导技巧。

并不是所有人都擅长想象，有时候需要我们循循善诱才能让对方跟随你的思路展开话题讨论。为了达到这个目的，我们既要合理引导他，也要和他积极互动，只有得到了你的回应，对方才愿意顺着你的思路继续和你交流。

例如，你想去朋友的公司推销健身器材，但贸然提出要求可能会让对方觉得为难，你不妨这样导入话题："听说你工作的那家公司午餐十分可口，能不能带我去尝尝。"对方觉得不是什么大事，自然会答应，这时你要继续引导对方："你们公司有什么推荐菜啊，快跟我说说。"在你的请求下对方多少会描述一些，这时你要再接再厉："你们食堂这么棒，菜色丰富，饮食健康，如果再弄个健身房让你们锻炼一下，把多余的卡路里消耗掉，岂不是更健康吗？你想象一下，下午茶的时候你稍稍运动运动，不是更能开阔你的工作思路吗？”这样一来，对方也会不由自主地展开想象，这时你就可以表达重点：“你看，我手里现在有健身器材的货源，价格很低，款型也很适合公司使用，能不能给我引荐一下你们负责人谈谈合作，这样你们以后既能品尝美食，又能保持良好身材了！”有了前面的想象情境做铺垫，你就能成功地表达自己的核心意思，而且对方也不会排斥你上门推销产品的行为，还会帮你说好话。

·掌握共情技巧。

想象力的话题如果增添了情感元素，会变得更有吸引力，更容易打动对方，从而实现你的沟通目的，也会帮你建立良好的人际关系。这需要我们掌握共情技巧，也就是设身处地体验他人处境，从而理解他人的情感。

假设你想和一个宝妈朋友合作开发一款手机APP，但是对方并不是很有研发激情的人，所以从情感角度出发和她交流更能激发对方的想象力：“我记得你以前做过母婴社区的平台开发，现在你也是当妈的人了，应该很想和那些辣妈们进行互动，和她们一起分享、学习育儿经验吧？”这就从亲子关系出发，引起对方的情感波动，然后再引入话题："既然你有设计APP的能力，想象一下，你以后在自己开发的平台上晒你家宝宝的照片，记录他的成长，不是更有意义吗？"通过让对方产生情感共鸣的方式，你表达的重点——"跟我一起开发APP"就易于被对方接受了。

高情商的沟通，就是谈话双方能够站在同一高度上看问题。这就需要我们借助想象完成思想和话语的碰撞与融合，也正因为有了这个磨合与加工语言的过程，才让我们能够准确地表达重点，并且被对方很好地接收，进而和沟通对象从基础性的聊天升级为思想上的交流，最后演变为情感上的共鸣。

高情商的人都会及时描述重点

沟通只有做到准确及时且简明扼要，才能清除交流障碍。高情商沟通不仅适用于企业，也适用于任何带有社交性质的活动团队以及亲朋好友之间。对企业来说，能否实现高情商沟通决定企业管理的成败；对家庭、朋友来说，高情商沟通影响着彼此的感情维系。要想做到高情商沟通，必须考虑到几个问题。

· 要平等待人。

在和他人沟通时，无论我们身份和地位是否具有优越性，都不能强迫别人认同自己的观点。不能因为你是一个电脑高手就否定别人对硬件发表看法，也不能因为你阅历丰富就推翻他人的见解……只有具有平等交流的观念，才容易达成共识，否则“及时有效”四个字也无从谈起。当然，如果你认为自己的建议更成熟、更接近真相，也要心平气和地说服对方。

比如，你是一个有十年教龄的高中老师，对方是一个刚入行的新教师，他正发表自己对素质教学的看法时你却插了一嘴：“你才教了几年，这些话过十年再说吧。”这就是典型的以资历压制对方，无法实现良性的沟通。恰当的说法是：“没想到你刚入行就有这么多想法，挺难得的，那我也从一个老教师的角度谈谈，共同讨论。”这样的表达减少了攻击性，利于彼此表达自己的核心观点，易于话题的深入探讨。

· 要本着友好的态度交流。

有些人虽然在交流中讲究平等关系，但脾气暴躁，动不动就以强硬的口气说话或者质疑对方，这或多或少会伤害对方的感情，即便你再及时有效地反馈信息，对方也不愿意接受，甚至拒绝和你沟通，更谈不上高效沟通了。

比如，你对VR技术很有研究，你的朋友却认为这项技术没有发展前景，你可以从设备的普及和技术的进步两个角度去讲，还可以从一些生活实例入手，让对方感性地认识到VR技术正在改变人类的生活，自然就会改变对方的某些偏见，而不是暴躁地说一句："你懂什么？！"这样对方怎么还会愿意和你谈下去呢？所以表达重点时也要本着友好的态度。

·鼓励朋友参与交流。

高效沟通的意义并不局限在功利层面，也适用于精神层面的默契培养。无论是什么样的社交团体，成员只有积极参与集体活动才能营造良好的内部关系，才能各自发挥作用，变得更加默契，而精神层面的契合度会影响到企业、家庭、社会团体乃至整个国家的"无缝沟通"状态。

假设你和朋友加入了一个义工社团，你们准备利用十一假期去敬老院慰问孤寡老人，当大家在商量准备什么节目时，你的朋友因为不喜欢抛头露面就没有发言，这时你就要鼓励他开口："要不你也出出主意，我听他们说的那些节目都比较老套了，你经常看综艺节目，给我们点启发吧。"用这样的话术就能激发对方的表达欲望，在和大家讨论的过程中建立浓厚的参与感，你和朋友之间的感情也就更牢固了。

高效沟通是人际关系维护的重要渠道，有利于表达自己的核心意思，能够增强彼此的信任感，消除冲突和摩擦，更能避免资源的浪费和情感的消耗。只有实现高情商沟通，人们才愿意和我们说话、交朋友，我们才能获得更多的好人脉。

通过讲故事，增强语言说服力

战国时，齐国的淳于髡[①]能言善辩，经常会讲出一些有趣的隐语规劝君主，让对方易于接受。当时齐威王才智过人，却在继位后沉迷于酒色，不理政事，导致官吏贪污之风盛行，让齐国处于灭亡的边缘。尽管有爱国人士想要劝谏君主，却担心惹齐威王不快。一天，淳于髡对齐威王说："大王我有一个谜语想请您猜一猜，某国有只大鸟，住在大王的宫廷已经整整三年，然而它既不振翅飞起也不发声鸣叫，只是毫无目的地窝着，大王您猜是什么鸟呢？"聪慧过人的齐威王一听，知道是淳于髡在劝谏自己，

① 淳于髡（kūn）（约公元前386年～前310年），黄县（今山东省龙口市）人，战国时期齐国的政治家和思想家。

于是他沉思片刻回答：“这只大鸟，你不知道，它不飞则已，一飞就会冲到天上去；它不鸣则已，一鸣就惊动众人，你等着瞧吧！”

淳于髡的隐语其实就是为自己的话做注解，如果直接劝谏齐威王“您该关心朝政，不该沉迷酒色”，这样只能引起齐威王的反感，弄不好还会惹来杀身之祸，当然更重要的是，隐语能够强化淳于髡要表达的重点——不励精图治就要被敌国消灭，这就是高情商沟通的方式。

在日常沟通中，我们总会有一些不便于直接表达的话，就要用“做注解”的方式来让对方理解我们的意思，从而实现高情商沟通。但这并不单纯是委婉表达就能完成的目标，而是要对我们表达的重点进行提炼，以形象的方式传递出去，便于对方接受和理解。如果直言不讳地阐述观点，对方很可能予以拒绝，还会影响到彼此的关系。

一般来说，“做注解”的最好方式就是讲故事，因为故事本身就具有隐喻的含义，不会让对方产生什么不好的想法，而且以象征的手法对我们想表达的重点进行包装，能够增强说服力。当然，我们在选择故事的时候要找具有代表性的，容易让别人理解的，否则，无法实现“做注解”的初始目的。

如果对方是一个哲学爱好者，你不妨引用黑格尔、尼采身上的故事作为隐语的载体，更容易触及对方的内心。如果你不确定对方的偏好，也可以从你们共同认识的人中寻找信息，增强表达的感染力。

需要注意的是，不要为了讲故事而讲故事，讲的故事要和你要说的重点紧密相关，那样故事就能起到“穿插说明”的作用，就能充分解释你的“隐语”。如果你除了故事之外再没有其他的话术内容，会让对方误认为你只是在讲一个故事。

举个例子，假设你的一个朋友因为做事太鲁莽得罪了很多人，你直接劝对方改改脾气，他可能会说：“我这是心直口快，而且错在对方，和脾气无关……”这样你表达的重点就无法被对方接收，沟通也就无法继续下去，不如在劝说对方的过程中插入小故事：“我看你也挺生气的，给你讲个小故事去去火吧。‘说有一个老太太，总是为鸡毛蒜皮的事发火，于是她就去找大师求教。大师把她领到一间禅房，然后给她锁起来，老太太气得大骂，大师就当没听见；后来老太太苦苦哀求，大师还是装听不见；最后老太太没动静了，大师来到门外问她还生气不，老太太说，我只为我自己生气，我怎么落到这倒霉地方遭罪！’你看，我现在也跟大师一样倒霉，认识你这么个爱生气的主儿！”在谈话中穿插故事，对方就能理解你要表达的重点，也会反思自己的言行，这时你再稍微劝诫两句，自然会达到良好的沟通效果。

在讲故事的时候，不能为了让对方快速理解而表达得过于直白，比如，对方身材矮小你就用武大郎去“隐喻”，这种表达很不礼貌，只能适得其反。我们应当将自己的想法融到故事中，确保隐喻的载体不能低俗粗鄙，这样才称得上是好的话术技巧。淳于髡以“大鸟”来隐喻齐威王，这是一种基本对等又不失文雅的替换。同理，你可以用卡通人物或者电影角色去指代某个人，既不会让对方生气，又能起到隐喻的作用。假设你有一个朋友性格孤傲，喜欢将自己封闭起来，拒绝各种社交活动，为了劝说他你可以这样表达：“告诉你个好消息，我最近认识了钢铁侠，我想让他参加咱们圈子里的聚会，可是他不愿意脱下战衣，也不露个笑脸，独来独往的，这还怎么组建复仇者联盟啊。”对方一听，就会明白这是在暗指他自己比较内向、封闭的性格，而“钢铁侠”又是一个著名的漫画角色，并无任何贬低之意，借助这个比喻对朋友好言相劝，表达了自己的核心意思，很可能会让朋友试着去改变自己。

古语有云：口者，心之门户也。出色的表达技巧，能够帮助我们说出内心的重点意思，搭建心灵沟通的桥梁。人不仅要对自己的观点负责，更要对表达的结果负责——如果对方未能听懂就是沟通的失败，也是我们劝谏他人、教育他人或者改造他人的失败。因此，当我们需要阐述复杂或者难以启齿的话题时，不妨先活跃一下思维，用讲故事或者触发行动的方式解释自己的观点，这样对方不仅能够心领神会，更能感念你是一个顾及他人情绪和颜面的人，为你赢得和谐的社交生态。

端正沟通态度，增强自身感染力

我们和身边人的亲疏远近，会受到沟通效果的影响，而效果往往取决于你表达信息的方式是否具有感染力：感染力越强，表达的重点越清晰，沟通效果就越好，对方和你的关系也就越近；感染力越弱，沟通效果越差，对方和你的关系就越疏远。研究显示：情绪的感染是一种本能，人们在交流的时候都会下意识地模仿对方的表情、动作、身体语言乃至说话的节奏。国外一位心理学教授说："一个人的面部表情越真诚，他的表达能力越强，就会越吸引他人去效仿。人类面部及体内的肌肉纤维可以在人无意识的情况下被激活，你还没有察觉到的时候就已经开始去效仿别人的情绪了，而这种效仿的能力要比你去率先流露这种情绪更容易。”

事实证明，心直口快的人更容易把情绪“传染”给他人，因为他们表达这种情绪的能力超过他人，相对而言，内心较脆弱的人更容易受到对方情绪的影响。依据这一理论，如果一个人的心情较好，也会感染到他身边的人，从而让整个社交圈子的默契程度加深，增进彼此的感情。

能够感染对方情绪的人，不仅需要掌握一定的表达技巧，还会塑造自己的声音，营造出一种悦耳动听的效果，从而引起对方在心理层面的共鸣。很多时候，听者会关注你说话时的心情、感觉和音调变化，这些会在谈话中起到重要的修饰作用。越是生动风趣的措辞，越能让对方接受你传递的关键信息。

当我们和朋友沟通时，只有体现出鲜明的表达风格，才能让话语的感染力变得更强，这就需要我们在交流中掌握灵活的表达技巧，在与人沟通时充满激情和活力，让对方被我们深深吸引。这其中的关键就是我们要端正自己的沟通态度，这需要了解以下五个方法：

· 改变不良的讲话习惯。

不良的讲话习惯有很多，比如，语速过慢或者语速过快，一不留神就会变得语无伦次，让对方厌恶和我们交流。我们要改正这些不良的讲话习惯，将语速调整到自然状态。需要注意的是，不要随意遣词造句或者“自创词汇”，这样你的话语就缺乏感染力，使对方很难理解、也很难听进去，不利于你将关键信息表达出来。

·保持积极的情绪。

一个沟通高手首先是一个自信的人，他们会合理选用适合沟通氛围的话语，强化表达效果，增强语言和情绪的感染力，表达自己的重点，从而和别人高效沟通。要想达到这种境界，需要我们沟通中展现自己的“正面的情绪”，可以选用激昂的语调，它往往代表着你的乐观和自信。不要用颤抖的声音来说话，因为那样意味着你缺乏自信，一旦对方从你的话语中感觉到你不好的情绪，就会极大地削弱你的语言感染力。

归根结底，我们要传递的信息是以声音作为载体的，无论它表达的内容是什么、针对的目标是什么，都要避免让负面的情绪出现在你的声音和词句里，因为这样会让对方感觉不适，拒绝接受你发出的信息，就谈不上感染力了。只有将积极的情绪融到沟通中，表达自己的自信，才能引起对方的注意，从而产生良好的表达效果。

因此，在说话的时候，我们首先要对自己充满自信，这样说出的话才能让人信服。

·注意你的表达声音。

声音小或者吐字不清晰，都会让对方无法快速接收你要表达的重点内容。比如，有的人习惯用鼻音说话，导致发音模糊不清，这会让对方误认为你在抱怨，会对你产生负面的印象，自然也不会被你的情绪感染。有的人的声音像汽车的急刹车声，会让对方产生厌恶心理，甚至让对方感受到被侵犯和被威胁……所以在与人交流过程中我们要注意自己说话时的声音，要做到声音适中、音调合适、吐字清晰等，可以经常研究主持人和演说家的说话方式，与自己的进行对比，从而改进自己说话时的声音和音调。

·控制自己的情绪。

我们自身的情绪管理能力也会影响表达核心意思的效果。例如，当朋友冒犯你时，如果你不能运用技巧性的手段表达你的不满，就不会达到预期的沟通目的，同时还会让对方觉得你小题大做，影响彼此的关系。如果朋友犯的错误比较严重，我们更要学会控制情绪，不要急于指责对方而是要先让自己冷静下来，用微笑、幽默和机智去表达自己的重点，进而感染对方，让他们主动意识到自己的错误。

·注意自己的面部表情。

我们的面部表情也能增强感染力。常言道：相随心生，境由心造。当你的心态变化时，面相也会跟着改变，当你以发自内心的微笑面对朋友时，才能真正感染对方的情绪，让他们沉浸在愉悦的状态中。微笑会拉近你和身边人的距离，会建立彼此更深厚的信任感和更可靠的安全感。

用幽默轻松打开对方心扉

幽默大师卓别林说过：“幽默是智慧的最高表现，具有幽默感的人最富有个人魅力，他不仅能与别人愉快相处，更重要的是自己拥有一个快乐的人生。”当今社会，由于人们生活压力较大，导致沟通气氛压抑，即便是朋友之间也会有一些禁忌话题，让我们在交流中小心翼翼、心怀戒备。高情商的人会把幽默作为增进人际关系、表达关键信息的工具，从而营造良好的社交关系。

我们可以通过日常生活的积累来增加自己的幽默感：多看书，多和有趣的人打交道，你自然就会增加幽默感。它会在沟通中发挥出优势，让你精准地表达出自己的重点，与别人进行高情商沟通。

· 幽默能够化解尴尬。

朋友之间也免不了有求于对方，当我们有事求助于朋友时，可能会遭到对方的拒绝，让我们陷入比较尴尬的沟通困境，这时需要我们用幽默为手段去摆脱尴尬。我们可以利用话语中的谐音或者歧义等来表达幽默，比如，你邀请两个朋友过来谈一个项目的合作事宜，其中一个朋友早到了，另一个朋友却杳无音讯，先到的朋友等得不耐烦了就说："你那个哥们儿什么时候能来？我起码等了半小时了。"你感觉到了对方的不满，可以这样说："要不你先别骑马了，先下马，我给你泡壶茶。"这样的小幽默简单易懂，还能表达你的重点，让对方不好意思再发牢骚。

· 幽默能够减少紧张情绪。

当我们和朋友谈及工作时，有时候会让沟通氛围变得紧张和严肃，特别是我们的想法和对方的不一致产生争论时，彼此很容易产生负面情绪。如果我们不去调整这种负面情绪，就会影响我们的沟通思路和交流效果，这时我们可以用幽默的话语来活跃气氛。假设你想请一个朋友为你们公司的产品做宣传时，因为朋友不看好你们公司，而且条件没有谈妥，你们争论起来，这时你不妨用幽默来让沟通气氛变得轻松一些：“咱俩都十多年的交情了，有话就直说，我知道你对我们公司不是非常看好，其实我也一样，不过我还是厚着脸皮来找你了，就是想看看你发火的样子是不是和我差不多。”这样的表达既能够直言不讳地指出自己的现实处境，也能以幽默的方式恳请朋友放弃偏见。

·幽默能打消顾虑。

拿破仑有一次在歌剧院里看戏，忽然发现一个包厢里坐着被誉为“音乐皇帝”的著名作曲家罗西尼，拿破仑马上派侍从请他过来。不巧的是，当时罗西尼穿着十分随便，不适合见皇帝，但也无法拒绝拿破仑，因此当他来到拿破仑的包厢之后就下跪请罪：“皇帝陛下，我没有穿晚礼服来见您，请恕我的大不敬。”拿破仑见了罗西尼这身打扮并没有生气，而是微笑着说：“我的朋友，你认为在皇帝与皇帝之间存在这样的礼仪吗？”这句话打消了罗西尼的所有顾虑，两个人兴致勃勃地看起了歌剧。

有时候我们和朋友在交流中，朋友会因为一些原因产生顾虑，影响沟通的效果，这时候我们不妨采用幽默的表达方式来打消对方的顾虑。

幽默能给沟通带来意想不到的吸引力，人人都愿意结识有幽默感的人，我们可以通过幽默来展示自我同时推销我们的观点。当然，幽默感并非是油腔滑调，而是有关心理学和沟通学的艺术。有学者这样评价幽默的作用："幽默可以润滑人际关系，消除紧张，减轻生存压力，把我们从各种自我封闭的情况中解脱出来，使我们寻得益友，增强信心，在人生的道路上知难而进。"

第八章 完美掌握高情商沟通技巧

只有完美地掌握高情商沟通技巧，你才可以无往而不胜。在这个社会上，没有人是可以独立存在的，大家或多或少都需要别人的帮助。求人办事时，运用高情商的沟通技巧，可以让自己变成一个演说家，让别人无法拒绝自己的请求。

巧用对比推销自己

一位太太接到了一个男孩的电话，男孩询问她需不需要除草工，太太说她家已经有工人了。男孩又说，他会帮助她拔掉花丛里的杂草，太太说她家的除草工已经做完了。男孩又说，他会帮她把走道四周的草割齐，太太说她家的除草工也已经做完了，不需要新的工人，男孩这才放下了电话。他的室友好奇地问："你不就是她家的除草工吗？为什么还要打电话问她需不需要新的除草工？"男孩回答："我只是想知道我做得有多好！"

男孩的聪明之处在于他用一个假想的"除草工"去和自己这个真实的除草工做对比，以此来证明自己做得有多么出色，这就是一种高明的技巧。

在沟通中，我们可以借助一个类比的对象来增强自己话语的说服力，强化重点，这就是“对比效应”带来的好处。从营销心理的角度看，对比效应是针对受众目标心理的特定手段：能够在对方先入为主的固有思维上产生引导作用，从而加强关键信息的传递。根据表达方式的不同，对比式的表达可以分为选择对比和分解对比。

· 选择对比。

选择对比的诀窍是“用B来证明A”，让B起到衬托的作用，强化沟通目标对A的感受。需要注意的是，不能通过贬低B来抬高A。

某商场里有甲、乙两个促销员，甲的销售业绩总是超过乙，这让乙困惑不解：明明自己也很卖力地向顾客推销，为何就卖不出去产品呢？后来，乙偷偷观察了甲的销售策略：每当有顾客来时，甲就向顾客推荐比较贵的产品，然后再介绍比较便宜的产品。相比之下，乙的销售策略正好相反：先向顾客推荐比较便宜的产品，然后才是比较贵的产品。甲的成功正是得益于灵活运用对比的方式：当顾客先了解到价格高的产品时，会觉得价格偏高，不会马上购买，在接触了价格相对低的产品后，会认为便宜了不少，容易下定购买的决心。在沟通中，我们可以运用这种技巧来说服对方。

·分解对比。

分解对比的诀窍是“将A拆分为A1、A2、A3”，通过内部的对比来强调A。也就是将一个比较复杂的话题拆分为若干个具体的小话题，让受众逐个了解这些小话题，然后进行对比分析，进而让对方快速做出决策。

在一次商务谈判中，甲和乙作为公司代表轮流和客户商谈，甲和客户谈了一段时间之后，客户兴致不高，结束了两人的对话。客户对甲的评价是：“谈了很多模棱两可的话题，让人无法抓到重点。”甲感到很委屈，他认为自己已经将核心议题都说了出来，只是得不到对方的理解。于是，乙就去和客户谈判，用了和甲差不多的时间，却搞定了客户。甲询问乙是怎么做到的，乙说：“我把公司提出的五年计划拆成了五个部分，在提到第二年的合作方向时，客户就点头同意了。”原来，参加谈判的客户在明年升职，第二年的合作计划将帮助他完成工作业绩，而甲没有对“五年计划”进行拆分对比，无法让客户发现合作中的商机，自然就失败了。

无论运用哪种对比方式，我们都要让客户快速理解我们重点要表达的内容，这就需要我们在沟通前做好准备工作，认真剖析我们要传递的信息，分清主次，选择高情商的话术传递给对方最直观、最清晰的有价值信息，既提高沟通效率又能增强表述的感染力，确保沟通目的的顺利达成。

理清话语顺序，挑准时机说重点

我们话语的先后顺序会直接影响到重点的表达，在向沟通对象传递关键信息之前，首先，我们要将表达的重点剖析清楚，最好的方法就是列出一、二、三、四等要点，给人条理清晰、主次分明的感觉。其次，还应当将论点和论据区分开来阐述，这样才能让对方准确地了解到你的观点。最后，不要在表述信息时进行反复叙述，那样也会影响表达效果。

· 紧急情况下，先说重要信息。

在新闻稿件中，越是先发生的事情越要放在前面，因为新的信息价值最大。同样，当我们在紧急情况下传递信息时，越有价值的信息越应当放在前面传达。

一个母亲正在家中做饭，突然邻居跑进来喊道：“不好了，你孩子在街上玩球，跑到路中间捡球，有辆大卡车过来，你孩子……”邻居话还没讲完，母亲已经晕倒在地。邻居焦急地大喊：“你别急啊！我是说你孩子差点被车撞上，他没事啊！”显然，邻居没有掌握好表述信息的先后顺序，让母亲虚惊一场。“孩子没被车撞到”才是她要表达的重点，应当放在前面说，而惊险的过程应当放在后面，这样才能缓解孩子母亲的紧张情绪。

我们需要知道理清话语顺序的最终目的是为了突出重点，只有明确地表达了自己的重点，沟通对象才能明白自己的意思，进而达到高效沟通。

·非紧急情况下，重要信息可以后说。

并非是所有的内容都要遵循“重点在前，非重点在后”的原则，如果你想表达一个引人入胜的重点内容，在非紧急情况下，不妨娓娓道来，勾起对方倾听的欲望。例如，你和对方谈论合作的细节时，他询问你们公司的发展概况，你可以像讲故事那样描述：“要说我们公司的发展史，还真是经历了九曲十八弯，特别是刚去注册的时候……”这样的表达没有直接点明结果，但是给予对方想象的空间，还能引起他想要了解公司的欲望，有助于话题的深入展开。

· 使用转折句时，先说非重要信息，后说重要信息。

转折句是沟通中常用的表达句式，运用在话语中也需要一定的技巧。我们可以比较以下两种说法："虽然你工作努力，但是最近犯了一些错误"和"虽然你最近犯了一些错误，但是你工作努力……"很明显，前者表达的重点是负面的，后者表达的重点是正面的。根据这个原则，我们要在运用转折时合理安排话语"出场顺序"，千万不要以为对方会"平行"接受两条信息，他只会关注"但是"后面的内容。

当你要表达的信息量过于庞大时，最好先进行删减与合并来精化内容，去除非重要信息，整合同类信息，尽量把要表述的关键信息维持在"四个要点"之内。

人类的语言是一种奇妙的沟通工具，不同的语言组合方式会产生不同的表达效果，不同的话语排列方式也会影响沟通的结果。只有当我们掌握了各种措辞技巧时，才能整合和表述出最具有传播性、感染性的关键信息，让别人清晰地了解我们要表达的意思。

学会避实就虚地提要求

一天，老公回家做了一锅红枣饭，老婆下班回来高兴地问："这枣真甜啊，哪来的？"老公说是乡下姨妈托人送来的，老婆感动地说："姨妈想得可真周到啊，每年都给咱们送枣。"老公说："那还用说，我从小没爹没妈，姨妈把我养大的……听给咱们带枣的人说，姨妈的胃病又犯了……"老婆一听就不假思索地说："那就把姨妈接来吧，咱们领着她去医院好好检查检查。"

在夫妻二人的对话中，老公要表达的重点是"接姨妈到家里给她看病"，但是他没有直接表达，而是从红枣饭作为切入点，先是让老婆感受到姨妈的好，然后再侧面说出姨妈面临的难处，让妻子主动提出帮助姨妈，他用这种高情商的沟通方式达到了沟通的目的。

求人办事是一件需要勇气和智慧的社交活动，有的人不爱求人，一是因为不想麻烦别人，二是因为担心遭到对方拒绝，丢了面子。其实，只要生活在人群中，很难避免求助于别人。求人就是让对方答应你的要求，这是你表达的重点，然而在对方看来，答应你的要求给自己添麻烦，所以大多情况下，人们在潜意识里都是想拒绝的。要想让别人帮助你，就要掌握正确的技巧：避开对方的抗拒心理，让他们尽量迎合我们的需求，具体的话术有以下几种：

· 侧面肯定对方的能力。

当有求于人时，给对方戴高帽子是一种常用技巧，不过最巧妙的方式是不直接夸耀对方，而是间接地肯定对方的某个优点。比如，老板刚给你安排了一项工作，可仅凭你的一己之力是无法完成的，这就需要找一个能力和经验比你强的同事帮助你，你不妨采用这样的话语说服对方帮助你："王哥，这一块的工作现在由我来负责，可是你当初做得太好了，我怕老板一对比又该批评我了。"对方听到这话自然要谦虚几句："哪里哪里，你的能力也不错嘛。"这时你就可以抛出关键信息："我是能勉强完成，如果有你的点拨，那我的工作就尽善尽美了。”对方一听就会明白你在求助于他，既然被你夸奖了也不便推辞。当然，如果对方并未领会其意，你还可以使出一招“撒手锏”：“王哥，这个任务没有你真的不行啊。”通常听了这句话对方都会答应的。

· 自信地请求成功率更高。

有的人因为求助对方，会不由自主地将自己放在一个很低的位置上，这是一种认知上的误区，求人应当谦和但不应当低三下四。大家都不是慈善爱好者，都希望用自己的资源交换别人的资源，这并非冷漠薄情，而是基本的市场法则，所以自信的沟通往往能够增加求助的成功率。

举一个例子，小关开了一个工作室，由于事业刚起步，想和一些有能力的人合作，为此，他将自己早年的职业经历和创业计划总结成册，从中想到了不少好点子，他拿着这些无形资本和别人商谈时说：“虽然我的工作室刚起步，不过我的创业思路非常清晰，如果有幸与你们成为合伙人，必将迎来光明的前景。”小关的一席话充满自信，能够让合作人相信他的能力，于是成功地达成了合作。

· 用对方容易接受的表达方式。

同样的内容用不同的方式表达出来，效果也不同，这是因为不同的词汇组合代表着不同的含义，那些意义直观的话语就容易被对方排斥，像“我想拿走你的×××”或者“你的×××借我用用如何”，这类话中充满了“掠夺感”，会让对方本能地想维护自己的财产，自然会拒绝你的要求。相比之下，“我可以欣赏一下你的×××”或者“我想让大家看看你的×××，让他们开开眼界”，这类的表达方式就易于被人接受。

小李是一个光碟爱好者，喜欢收集各种绝版的光碟，他在朋友的介绍下认识了一个骨灰级的发烧友，收藏着大量的光碟，其中有一套摇滚乐队的光碟是小李很想入手的，为了得到它，小李主动和发烧友攀谈：“听说你特别喜欢这个乐队，资料早就烂熟于心了是吗？”发烧友笑着说：“是啊，我都喜欢他们十几年了。”小李接着说：“我也是特别喜欢，就是不知道哪里还能找到他们的光碟，为这个心愿我一直茶饭不思。”由于和小李同样喜欢这个乐队，发烧友就和他越聊越投缘，最后答应低价把那一套光碟卖给小李。小李的成功之处在于抓住了“都是爱好者”这个共同点，让发烧友弱化了“出售光碟”的概念，而是转变为

“出让给同好”的概念，对方自然就乐于接受。

避实就虚地提要求并非高深的沟通技巧，它的核心在于避开让对方不悦的话题，选择对方最爱听、最能接受的方式表达我们的核心意思，掌握这种技巧只要学会换位思考即可。更重要的是，我们要准确剖析自己的诉求点：我们提出的要求是否超出了对方的承受范围。

求人办事时要取悦对方

明代的周忱在出任江南巡抚期间，当时朝廷上最有权力的人是宦官王振，周忱害怕自己上奏时会遭到王振的阻挠，就想方设法让王振高兴。恰好王振正在翻修宅邸，周忱事先让人秘密测量好王宅的面积大小，然后将按照王振的喜好精心制作的绒毯送给他。由于绒毯尺寸合适、花色美观，得到它后王振喜上眉梢。至此，凡是周忱向朝廷上书言明江南兴利除弊的奏折，王振都从中帮忙，让江南一带受益匪浅。

求人办事的技巧不仅在于如何巧妙地表达自己的重点，更与如何让对方心情愉悦有关。当人们得到其他人肯定时，难免会“头脑发热”、情绪亢奋，就容易痛快地接受别人的请求。因此，会高情商沟通的人，也是一个深谙心理之道的人。一般来说，让对方心情愉悦可以从以下三方面入手。

· 夸奖对方的独特之处。

每个人都在潜意识里希望与众不同，所以高明的夸奖都是“量身定制”的，那种万金油式的夸奖对谁都适用，人们自然会觉得虚假。只要你认真观察，就会发现别人特有的长处，抓住这一点进行赞美，就能赢得对方的好感。

假设你因为业务需要去拜访一位客户，根据你的了解，对方很喜欢茶道，你可以买上几包上好的茶叶或者一副精美的茶具和对方会面。在交流中，你就可以这样赞美对方：“这点茶叶不成敬意，其实我知道您是一个泡茶讲究、品茶一流的高手，像我们这种人喝茶只能喝个样子，而您是喝出了境界。”这段开场白可以让你明确地表达自己的重点——赞美客户，而且对方会觉得你对他有一定的了解而不是盲目地奉承，他的心情也会大好，就容易接受你提出的请求，你也就容易完成任务。

· 夸奖对方的家庭。

家庭是一个人生活的根基，也是一个人幸福指数的重要体现，夸奖对方的家庭就等于夸奖对方的家人，可以起到“一箭多雕”的作用。例如，你想找一个很久没联系的朋友借钱，不妨这样开口：“我是真羡慕你有那么好的媳妇，不仅把家里打理得井井有条，和你出去还能给你增光添彩，你们在咱们这个圈子里就是模范夫妻……这一点我还真要跟你学习学习。”这样一来，对方就会和你聊起如何与家人相处的门道，说着说着你就可以抛出重点：“是啊，让家人得到安全感是最重要的，我现在就筹划着买房子，就是手头有点紧……”这样高情商的话术就会提高对方帮助你的概率。

· 夸奖对方的事业。

一个人的价值往往和事业有着直接关系。当你向对方提出请求时，不妨夸赞他的事业出色，这样再对他提出自己的要求就显得合情合理了，因为你承认对方具有很强的能力。比如，你认识了一个项目投资人，你获得他的投资，就可以采用这样的话术：“您的实力真是不同凡响，我要是在您这个年纪做出您一半的成绩就心满意足了。”对方自然会谦虚一番：“过奖了，你好好做一定比我还出色。”这时你就可以抓住机会表达自己的重点：“我现在确实在努力，就是有了项目缺点资金，想从您这里讨教一点经验。”这样，对方就会将自己的经验分享给你，争取投资也就更加容易。

很多时候，我们所求之事在对方看来只是举手之劳，然而受制于各种原因未必会帮助我们。所以在我们提出请求前，要先想办法让对方的心情变得愉悦，这样才能为自己表达重点、求助别人创造良好的条件。

让对方无法拒绝你，只需掌握这两点

20世纪80年代，美国有一个名叫玛琪塔·安卓斯的小女童子军，当时只有10岁却声名鹊起，这是因为她挨家挨户推销饼干获得了巨大的成功，那么她的推销诀窍是什么呢？每次敲开门，安卓斯都会开门见山地问：“您愿意捐3万美元吗？”如果对方表示拒绝，她就会再问一句：“那您至少可以买一盒女童子军饼干吧？”显然，与捐款3万美元相比，一盒1.75美元的饼干简直是超低的消费，这个让对方无法拒绝的话术技巧被称为“以退为进”，安卓斯用了3个星期就卖出了3000盒饼干，成为女童子军饼干史上的最佳销售纪录。

要想让对方无法拒绝你的要求，你就要学会高情商沟通的技巧，摸透对方的心理，找准时机表达自己的核心意思——求人办事，这样才能避免碰钉子，让对方找不到拒绝帮助你的借口。

你需要掌握这两种能力：

· 赞美对方的能力。

小郑需要准备整理一份报告，但是他的能力不够，就找文笔出众的小云求助："小云，我听大家说你是咱们公司最擅长写报告的人，性格又非常好，总是乐于助人。"听到这样的话小云自然高兴了，紧接着她谦虚地说："都是他们瞎说的了。"小郑继续说道："你太谦虚了，这么多人称赞你肯定是有过人之处！"话说到这个地步，小云自然心花怒放，随后小郑提出了他要表达的重点——希望小云帮他写报告，小云便痛快地答应了。

求助于别人时，如果持续强调对方的能力很强，不断地赞美他们，就能让对方心情舒畅，易于接受你的请求。

· 避免得寸进尺。

求人办事的原则是实现我们自身利益的最大化和对方提供资源的最大化，但这并不意味着我们的索取是无休止的。有的人喜欢搞道德绑架，用亲情、友情或者爱情去要挟对方：不帮助我就不够意思。这就会给对方一种压迫感，即便勉强答应了你的要求，你们的关系也会产生裂痕。比如，有的人管你借钱，你只能满足他一半的要求，他可能会生气地说：“咱们都多少年交情了，你借给我一半，我还得再找人借，多麻烦啊。”听到这种话你必定会火冒三丈，因为对方是典型的得寸进尺之人。

所以，当我们求助于别人的时候，一定要掌握尺度，不能得寸进尺，这样对方下次还愿意帮助你，否则，不仅得不到他的帮助，也会对你们之间的关系产生消极影响。

掌握了这两种能力，你就可以做到高情商沟通，让对方无法拒绝你的要求。